서클 프로세스

평화를 만드는 접근방식

서클 프로세스

평화를 만드는 새로운/전통적 접근방식

케이 프라니스 지음
강영실 옮김

Copyright © 2005 by Good Books

Original published in English under the title ;
　　THE LITTLE BOOK OF *CIRCLE PROCESS,*
　　　by Kay Pranis.
　　Published by Good Books, Intercourse, PA17534 USA.
All rights reserved.

Uesd and translated by the permissions of Good Books.
Korea Editions Copyright © 2018, Daejanggan Publisher. Nonsan, South Korea

정의와 평화 실천 시리즈

서클프로세스

지은이	케이 프라니스
옮긴이	강영실
초판	2012년 12월 14일
초판 4쇄	2024년 3월 29일
펴낸이	배용하
책임편집	배용하
등록	제364-2008-000013호
펴낸곳	도서출판 대장간
	www.daejanggan.org
등록한곳	충남 논산시 매죽헌로 1176번길 8-54, 101호
대표전화	전화 041-742-1424　전송 0303-0959-1424
분류	대화 | 갈등해결
ISBN	978-89-7071-459-2　　03330
CIP제어번호	2018032182

이 책은 저작권법에 의해 보호를 받는 출판물입니다.
기록된 형태의 허락 없이는 무단 전재와 복제를 금합니다.

 값 9,000원

차례

추천의 글 · 9
역자 서문 · 12

1. 소개 · 13
새로워진 옛 방식 · 13
이 책에 대하여 · 18
역사적 배경 · 19
서클의 개요 · 20

2. 서클의 적용 · 23
평화형성서클은 어떻게 작동하는가? · 23
평화형성서클의 유형 · 26
평화형성서클의 활용 · 31

3. 서클 사례: 파업 이후 대안 모색 · 32
첫 번째 서클 · 33
두 번째 서클 · 36

4. 서클의 토대 · 38
가치 · 38
고대의 가르침 · 40
믿음의 공동체 안에서의 서클 활용 · 46

5. 서클 사례: 교실에서 서로 이해하기 · 47

6. 서클의 핵심 요소 · 49
　서클의 구성 요소 · 49
　이야기하기의 중요성 · 57
　관계에 초점 맞추기 · 60
　서클의 단계 · 64

7. 서클 사례 · 68

8. 이야기 나눔 서클 기획하기 · 71
　1단계: 적합성 판단 · 72
　2단계: 준비 · 73
　3단계: 서클 진행 · 75
　4단계: 후속 조치 · 78

9. 서클 사례: 세대 간 존중하기 · 79

10. 더 생각할 문제 · 83
　공동체 형성에 미치는 영향 · 83
　서클이 다른 유사한 활동과 다른 점 · 84
　도전 · 87

11. 서클 사례: 가족 간 유대감 형성하기 · 92

12. 맺음말 · 94

　부록: 학교에서 서클 프로세스 활용하기 · 99

　미주 · 105

　참고문헌 · 107

추천의 글

　대화는 우리의 일상생활과 여러 모임에서 핵심을 이룬다. 정보 교류와 관계 유지뿐만 아니라 의사 결정, 목표에 대한 실현, 심지어는 축하와 애도에서도 대화는 중요하다. 그러나 우리는 일대일 대화나 모임 또는 회의에서 시간을 헛되게 보냈다든지 회의 때문에 회의스러운 인간이 되었다든지 하는 말을 빈번히 하고 또 듣는다. 그리고 시민 사회에서 활동하는 사람이면 말보다 행동이 더 중요하다는 주장도 서슴없이 하곤 한다. 어쩌면 일리 있는 말이기도 하다.

　비폭력 평화 운동에 몸을 담고 있으면서 나는 몇 년 전부터 새로운 인식을 하게 되었다. 그것은 바로 '대화가 혁명적일 수 있다'는 새로운 각성이었다. 이는 원형으로 둘러앉아 이루어지는 대화 모임들과 모델들을 접하고 나서 얻은 새로운 확신이었다. 가정에서, 직장에서, 그리고 훈련 워크숍에서, 수많은 모임과 회의에 서클 프로세스의 아주 간단하면서도 강력한 대화 원리와 도구들을 적용함으로써 힘을 북돋워주고 목적을 더욱 명료하게 해주는 결과를 도출해내는 경험을 하게 된 것이다.

서클 프로세스는 자신의 진실을 말하고, 상대방의 말을 제대로 들으며, 위협과 수치심 없는 안전한 공간에서 소통을 하면서 모두의 말을 듣는 가운데 서로의 진실과 지혜를 연결시킨다. 몇몇 몽상가나 머리 좋은 사람의 머리에서 나온 것이 아닌 '공동의 지혜'가 중심에서 전체를 인도하는 참여형 리더십을 발휘한다. 이것은 논쟁에서 대화로, 비난에서 공감으로 전환하고 개인의 성장과 더불어 공동체를 복원하는 데 강력한 힘을 발휘한다.

기독교 평화 전통특히 퀘이커 전통의 영향을 받은 나는 이미 시민 사회와 교육 현장, 가정에서 종종 쓰는 이 서클 프로세스가 평화 구축 소책자 시리즈 중의 하나로 한국에서 번역된 것이 무엇보다 기쁘고 또 흥분된다. 우선은 시민 사회와 학교, 그리고 나아가 정치계에 이 책과 서클 프로세스가 진실을 소통하고 갈등을 해소하는 데 큰 기여를 할 수 있기를, 그리하여 파편화된 사회가 공동체적 감각을 회복하고 더 나아가 진실 안에서 대화를 할 수 있는 심층 민주주의가 꽃필 수 있기를 기대한다.

서클 프로세스는 나 자신이 대화하는 데 훌륭한 인격자가 되라고 먼저 요청하지 않는다. 오히려 서클 프로세스가 갖는 대화의 구조와 철학에 대한 명료함이 아젠다를 제대로 다루고 실현시키면서도 따사로운 관계를 엮어내는 신비스런 결과를 가져온다. 과정을 신뢰하고 참여자를 신뢰함으로써 '공동의 지혜'가 우리를 인도하게 된다. 그 결과는 내가 기대한 것보다 더욱 풍성하다. 그리고 모두에게 이미 그런 진실의 힘과 지혜가 있다는 것에 대한 통찰과 인간성에 대한 깊은 존중을 느끼게 된다. 그리고 나 자신도 뜻밖에 새로워진다. 왜냐하면 내가 기여한 것보다 더욱 많은 나눔의 것들이 내게 돌아오기 때문이다.

이 책은 작지만 진행 경험으로 볼 때 그 영향과 힘은 결코 작지 않다. 그리고 번역자와 그 팀들께 감사드린다. 왜냐하면 가장 먼저 이 책의 큰 도움과 힘을 얻을 곳은 우선 평화 운동 진영이기 때문이다. 2013년에는 관련된 다른 종류의 저술들도 여러 다른 곳에서 출판을 기다리고 있다. 이제 대화를 통한 자기 성장과 사회 변혁의 도구가 주어졌다. 마음껏 적용하면서 그 풍성한 열매를 즐기기를….

박 성 용
비폭력평화물결대표,『회복적 서클 가이드북』저자

역자 서문

  서클 프로세스 리틀북 한국어판이 드디어 출판된다는 소식을 듣고 오랜만에 번역한 원고를 다시 살펴보았다.

  그동안 이런저런 자리에서 나름대로 서클을 기획하고 진행해 왔지만 2년 전 여름, 서클을 처음 접했을 때 내가 받은 감동을 전하는 것은 아무래도 역부족이란 생각이 든다.

  우리말로 옮기는 과정에서도 적당한 용어를 찾지 못하고 불가피하게 원어 그대로 남겨둔 말들이 적지 않다. 여럿의 지혜를 모아 서두르지 않고 고운 우리말을 찾고 싶다.

  번역 원고를 꼼꼼히 읽어주신 대전평화여성회 언니들과 번역할 계기를 만들어주신 김선혜 선생님, 고맙습니다.

1. 소개

"우리는 모두 사랑하는 사람들인 동시에 파괴하는 사람들입니다. 우리는 모두 두려움에 떨고 있는 동시에 절실하게 신뢰를 원합니다. 이것이 우리가 고군분투하는 삶의 일부입니다. 우리는 우리가 지닌 아름다움을 발현할 수 있도록 노력해야 하고, 어둠과 폭력이 지닌 힘을 전환시켜야 합니다. 나는 이렇게 말하고 싶습니다. '이것이 나의 연약함이다. 나는 그것에 대해 알아야 하고 건설적인 방식으로 그것을 사용해야 한다.'"

– 장 바니에 Jean Vanier 1)

새로워진 옛 방식

우리 조상들은 모닥불 주위에 둥글게 모여 앉았고, 우리 가족들은 식탁 주위에 둥글게 모여 앉는다. 이제 우리는 공동체 구성원들이 둥글게 모여 앉아 문제를 해결하고, 서로 지지하며, 연결되는 법을 배우고자 한다.

사람들이 한자리에 모여 서로를 이해하고 유대감을 강화하며, 공동체의 문제를 해결하는 새로운 방법이 현대 서구 사회에서 꽃을 피우고 있다. 그러나 이 방법은 사실 아메리카 원주민들의 아주 오래된 전통에서 온 것이다. 그들은 토킹 피스를 차례로 옆 사람에게 건네고 그것을 받은 사람만 말하도록 했다. 이 오래된 전통에 현대적 민주주의 개념, 그리고 복잡하고 문화적으로 다양한 사회 구성원들의 참여가 결합되었다.

서클이 활용되는 곳
• 지역 사회
• 학교
• 일터
• 사회 복지
• 사법 체계

평화형성서클Peacemaking Circles은 다양한 상황에서 활용되고 있다. 지역 사회에서 평화형성서클은 범죄 피해자를 도와주고 가해자에게 내릴 처벌을 결정하는 데 활용된다. 학교에서 평화형성서클은 긍정적인 학급 분위기를 만들고 문제를 해결하는 데 도움을 준다. 일터에서 평화형성서클은 갈등을 해결하고 사회 복지 영역에서 유대감을 형성하려고 노력하는 사람들을 위해 더욱 유기적인 지원 체계를 만들어준다.

서클 프로세스는 이야기하는storytelling 프로세스다. 모든 사람은 나눌 이야기가 있고 모든 이야기는 가르침을 담고 있다. 서클에서 사람들은 의미 있는 이야기를 나눔으로써 서로의 삶에 영향을 끼친다. 다음의 세 가지 짧은 이야기는, 이야기가 인간성을 바탕으로 사람들을 하나 되게 하고, 경험이 가진 깊이와 아름다움에 대해 고마운 마음을 갖게 해준다는 것을 잘 보여준다.

・・・

1학년 아이가 숨을 헐떡이며 학교 운동장의 감독 선생님에게 뛰어온다. "티치우 선생님, 티치우 선생님! 토킹 피스가 필요해요!" 아이가 소리친다. 티치우 선생님은 주머니에서 조그만 플라스틱 공룡을 꺼내 아이에게 준다. 아이는 공룡을 꽉 움켜쥐고 조금 전에 싸우던 아이들에게로 뛰어간다. 토킹 피스의 도움을 받아 아이들은 문제를 해결하기 위해 함께 상의하고 모두가 좋아할 만한 해결책을 찾는다.

・・・

의회 의원, 법률가, 담당 공무원, 청소년 활동가가 문제를 일으킨 청소년들과 함께 탁자에 둘러앉아 미네소타 주 비행 청소년 정책에 대해 의견을 나누고 있다. 토킹 피스를 건네받은 사람들은 모두 의견을 나눌 동등한 기회를 가진다. 모두 주의 깊게 다른 사람의 말을 듣는다. 서로의 이야기를 듣고 논의를 한 뒤, 탁자마다 주어진 주제에 대한 합의에 도달한다.

・・・

어느 도시에서 한 청소년과 그 아이의 엄마가 지역 주민 12명과 검사, 국선 변호인을 포함한 법률가들과 함께 둥글게 앉아 있다. 모인 이들은 일어서서 서로의 손을 잡고 아이와 그 가족을 돕고자 지역 공동체가 함께 모인 것에 대해 고마움을 표시한다. 토킹 피스를 건네받고 각자 자기소개를 한다. 모두 아이와 엄마가 서클에 온 것을 환영한다.

토킹 피스가 두 바퀴째 돌 즈음, 서클 참여자들은 아이에게 학교생활은 어떤지, 집에서 어떻게 행동하는지, 관심사가 무엇인지 묻는다. 두 명의 서클 참여자가 아이의 학교를 찾아가 아이가 학교생활을 잘 따라갈 수 있도록 도와주고 있다. 아이의 엄마는 아이가 말도 없이 외출하는 것을 걱정한다. 엄마는 날이 저문 뒤에도 아이가 귀가하지 않을 때 느끼는 두려움에 대해 토로한다.

토킹 피스를 건네받은 참여자들은 자신들이 청소년기에 느꼈던 걱정과 염려에 대해 이야기한다. 아이와 대화하면서 참여자들은 관심과 걱정을 표하는 한편, 아이가 학교에 빠지지 않고 숙제도 잘 하고 외출할 때는 엄마에게 말했으면 좋겠다는 바람을 드러낸다.

아이와 엄마 둘 다 서클로부터 받는 지지와 관심에 대해 부드럽게 반응한다. 둘은 토킹 피스를 사용해 서로의 이야기를 더 잘 듣고 서로의 고민과 불만에 대해 더 잘 이해할 수 있게 된다.

아이는 함께 결정한 합의를 지키겠다고 약속하고, 참여자들은 이를 확인하기 위해 다음 서클 일정을 정한다. 참여자들은 일어나서 서로 손을 잡고 힘든 일을 해냈음을 격려하고 인정하며 마무리한다.

위에 소개한 것처럼, 평화형성서클은 사람들이 동등한 자격으로 한자리에 모여, 모두를 존중하고 걱정하는 분위기에서, 어려운 문제들과 고통스러운 경험들에 대해 솔직한 나눔을 할 수 있도록 한다. 평화형성서클은 서로 다른 견해를 가진 사람들이 다양한 형태의 장에서 갈등, 고통, 분노에 대해 진솔하게 이야기하고, 그러한 대화를 통해 자신과 다른 이들에 대해 좋은 감정을 느낄 수 있는 공간을 제공한다.

서클의 기본 철학은, 우리는 모두 다른 사람의 도움을 필요로 하며, 다른 사람을 돕는 것은 곧 우리 자신을 돕는 것과 같다는 사실이다.

서클 참여자들은 서클 안에 있는 모든 이들이 함께 만든 공동의 지혜collective wisdom로부터 유익을 얻는다. 참여자들은 주는 사람과 받는 사람으로 구분되지 않는다. 모든 사람은 주는 동시에 받는다. 서클은 문제를 새롭게 이해하고 새로운 해결책을 찾기 위해 참여한 모든 사람들의 인생 경험과 지혜에 의지한다.

평화형성서클은 오래된 공동체 사회의 지혜와 각자의 개성, 욕구, 차이점에 대한 존중이라는 현대적 가치를 결합시킨 과정으로서, 다음과 같은 특징을 갖는다.

- 모든 참여자의 존엄성과 존재 자체를 존중하고
- 모든 참여자의 기여에 가치를 두고
- 모든 것이 서로 연결되어 있음을 강조하고
- 감정적인 표현과 영적 표현을 권장하고
- 모두에게 동등한 발언권을 부여한다.

이 책에 대하여

이 책은 평화형성서클에 대한 소개서이며, 독자들이 서클 프로세스의 일반적인 특성, 밑바탕을 이루는 철학과 평화형성서클 활용법에 대해 이해하는 것을 도우려는 의도로 기획되었다. 이 책은 서클 프로세스에 대해 구체적으로 설명하지도 않고 서클을 어떻게 진행하는가에 대해서도 세세하게 다루지 않는다.

이 책은 단순한 이야기 나눔 서클 진행법을 설명하고 있지만, 복잡한 서클을 진행하기 위한 적절한 준비서가 되지는 못한다.

서클을 진행하는 것은 단순히 의자를 둥글게 배치하는 것 이상을 필요로 한다. 갈등, 격한 감정, 희생 등이 수반되는 서클을 진행하게 된다면 미리 훈련을 받을 것을 권한다.2)

역사적 배경

평화형성서클은 북아메리카 토착 원주민 사회에서 보편적으로 사용되었던 토킹 피스 전통에 뿌리를 두고 있다. 많은 사람들은 둥글게 모여 앉아 공동체의 중요한 사항에 대해 논의하는 것을 자기 부족을 지탱하는 뿌리의 일부로 받아들였다. 이러한 전통은 전 세계 토착민 사회에서 여전히 찾아볼 수 있다. 우리는 이러한 전통을 여전히 생명력 있게 지켜와서 현대 서구 문화에 지혜와 영감의 원천을 제공해준 사람들에게 마음 깊이 큰 빚을 지고 있다.

대중의 관심으로부터는 많이 벗어나 있지만 현대 사회에서도 지난 30년 이상 동안 토착 원주민이 아닌 소수의 사람들이 서클을 활용해오고 있었다. 특히 여성들은 공식적으로 서클 프로세스를 적극 활용하고 있다. 이 서클들은 버팀목이 되어주는 공동체 안에서 사람들이 자신의 사적인 인생 여정을 이야기할 때 주로 이용된다. 몇몇 사람들은 자신들의 사적 서클 경험을 공적인 장에 적용하기도 한다. 그렇지만 서클을 사법 제도와 같은 공적 절차에 적용하려는 제도적 노력은 비교적 최근인 1990년대 초반 캐나

서클의 개요

사람들을 한자리에 초대하는 방법인 평화형성서클은 다음과 같은 특징을 갖는다.
- 모두가 존중받고
- 모두가 방해받지 않고 말할 기회를 가지며
- 참여자들이 이야기를 통해 자신에 대해서 설명하며
- 모두가 동등하며(즉 어떤 누구도 다른 사람보다 더 중요하지 않다.)
- 개인의 경험에서 영적이고 감정적인 면이 환영받는다.

평화형성서클은 두 사람 이상, 다음과 같은 상황일 때 유용하다.
- 함께 결정을 내려야 할 때
- 의견이 서로 다를 때
- 누군가에게 해(害)를 끼친 일을 다루고자 할 때
- 팀으로 함께 일하고자 할 때
- 축하하고 싶을 때
- 어려움을 나누고 싶을 때
- 서로에게 배우고 싶을 때

평화형성서클은 다음과 같은 상황을 담을 수 있을 만큼 강한 그릇이다.
- 화(anger)
- 고통
- 다양한 세계관
- 침묵
- 좌절
- 진실
- 격한 감정들
- 모순
- 기쁨
- 갈등

다 유콘Yukon에서 발전했다.

 이 책은 공적인 장에서 시작된 서클 작업에 대해 소개한다. 서클은 개인 성장의 측면보다는 공동체 형성 차원에서 활용된다. 물론 모든 효과적인 서클은 궁극적으로 개인적인 차원으로 연결되고, 사람들을 내면의 사적인 공간으로 연결함으로써 개인의 성장에 기여한다. 미국에서 평화형성서클은 회복적 정의restorative justice 철학에 바탕을 두고 소개되었고, 범죄 때문에 영향을 받은 모든 사람들이 참여하여 범죄로 인한 피해를 이해하고 그 피해를 치유하는 전략을 고민하는 절차로 활용되어왔다.[3]

 미국에서 평화형성서클은 미네소타 주의 형사 정책에서 비롯되었다. 평화형성서클은 범죄 피해자, 가해자, 지역 공동체가 참여하여 모두에게 안전하고 적합한 치유를 제공할 수 있는 가장 효과적인 형사 정책을 마련하는 기회를 제공했다. 서클의 목표는 범죄 피해자에 대한 지원책을 마련하고 가해자에 대한 형벌을 결정하며, 그들이 형벌을 이행할 수 있도록 돕고 지역 공동체가 범죄를 예방할 수 있는 힘을 강화하는 것이다.

 시골, 교외, 도시 지역 공동체가 성인과 청소년 범죄를 포함한 형사 소송 절차에 서클 프로세스를 적용하고 있다. 평화형성서클은 아프리카계 미국인, 유럽계 미국인, 라틴 아메리카인, 캄보디아인, 아메리카 원주민의 다양한 문화를 뛰어넘어 폭넓게 적용된다.

> 서클 프로세스는 대다수의 전통문화를 밑바탕으로 한다.

비록 서클이 양형 절차sentencing process에서 도입되긴 했지만 교정 담당자들은 이러한 접근 방식을 사법 절차의 다른 영역에도 적용할 수 있다는 것을 알아냈다. 혁신적인 전문가들은 수감되었던 사람들이 다시 사회에 적응하고 공동체가 보호 관찰 대상자들을 좀 더 효과적으로 감독하는 것을 돕는 일에 서클을 활용하기 시작했다.

미네소타 주 형사 절차에서 시작된 서클은 곧 다른 곳에서도 활용되었다. 정의justice 서클 프로젝트에서 활동하던 자원 봉사자들은 곧 범죄와 관련 없는 영역에도 서클이 유용하리라는 사실을 알아차렸다. 그래서 그들은 학교, 일터, 사회 복지, 교회, 지역 사회, 그리고 가정에서 서클을 적용하기에 이르렀다.

평화형성서클의 확산은 동시 다발적으로 이루어졌고, 전략적인 계획보다는 열정과 헌신을 타고 퍼져나갔다.

2. 서클의 적용

"나는 서클이 지닌 온화함에 감동했습니다. 그것은 부드러운 방식으로 무언가에 도달하게 하지요."

– 대안 학교 서클 참여자

평화형성서클은 어떻게 작동하는가?

평화형성서클은 사람들이 자유롭게 자신을 드러내는 공간과 분위기를 제공한다. 우리의 진실을 말할 자유, 가면을 벗을 자유, 인간 그대로의 모습을 드러내 보일 자유, 내면의 깊은 갈망을 나타낼 자유, 실수와 두려움을 인정할 자유, 우리의 핵심 가치에 부합하는 행동의 자유 말이다.

참여자들은 탁자 없이 둥글게 배치된 의자에 앉는다. 모인 사람들은 때때로 의미 있는 물건을 가운데 두고 참여자들의 공유 가치와 공통점을 상기시켜줄 응시의 대상으로 삼을 수 있다. 서클의 둥근 형태는 공유된 리더십, 동등함, 연결과 포용을 상징하는 동시에 모든 참여자들부터 오는 집중, 책임 의식, 참여를 촉진한다.

서클 프로세스에 꼭 필요한 구성 요소는 의식, 토킹 피스, 진행자, 기본 규칙, 합의를 통한 의사 결정이며, 이는 참여자들로 하여금 자신의 진정한 자아를 드러내는 것에 안전함과 편안함을 느끼게 한다. 이 구성 요소에 대해서는 제6장에서 자세히 설명하였다.

의식ceremony: 서클은 인간의 모든 영적 · 감정적 · 육체적 · 정신적 경험을 의식적으로 포함시킨다. 서클을 시작하고 마무리할 때는 참여자들이 일상적인 모임과는 다른 방식의 자리임을 분명히 하기 위해 의식적이고 의도적인 활동을 한다.

토킹 피스talking piece: 서클에서는 토킹 피스를 가진 사람만 말을 할 수 있도록 하고, 참여자들에게 토킹 피스를 차례대로 건네면서 자연스럽게 대화를 이끈다. 토킹 피스를 받은 사람은 다른 참여자들의 집중을 오롯이 받으며 방해받지 않고 말할 수 있다. 토킹 피스는 사람들이 자신의 감정을 충분히 표현하고, 남의 말을 주의 깊게 듣고, 깊이 생각한 후 반응하고, 서두르지 않고 말할 수 있도록 도와준다. 다른 사람 앞에서 말하는 것을 어려워하는 참여자가 있을 수 있는데, 토킹 피스를 건네받았다고 해서 꼭 말을 해야 하는 것은 아니다.

진행자 또는 키퍼keeper: 평화형성서클의 진행자를 흔히 키퍼라고 한다. 키퍼는 모든 참여자들이 다른 사람을 존중하면서 솔직하게 말해도 안전하다고 느끼도록 돕는다. 키퍼는 서클의 이모저모를 지켜보면서 질문을 하거나 논의 주제를 제안하여 참여자들의 참여를 독려한다. 키퍼는 제안된 주제를 수정하거나 특정한 결과물로 참여자들을 유도해서는 안 되지만 참여자들의 어조를 조절할 수는 있다.

기본 규칙: 서클 참여자들이 논의를 위한 기본 규칙을 결정하는 것은 참여자 자신의 공간을 확보하는 데 중요한 역할을 한다. 기본 규칙은 참여자들이 서클에서 어떻게 행동할 것인지에 대해 서로에게 하는 약속이다. 기본 규칙은 참여자들이 편안한 상태에서 진심을 말할 수 있도록 돕기 위한 구체적인 행동 지침들이다. 기본 규칙은 법이 아니며, 참여자들의 행동을 판단하는 잣대도 아니다. 기본 규칙은 그저 참여자들이 어려운 대화를 나누어도 좋은 안전한 공간을 만들려고 하는 그들의 공통적인 약속을 상기하도록 도울 뿐이다.

합의적 의사 결정: 서클에서 의사 결정은 합의에 의해 이루어진다. 합의는 결정을 열광적으로 지지한다는 뜻은 아니지만 모든 참여자들이 그 결정 사항을 기꺼이 따르고 이행할 의사가 있음을 뜻한다.

서클에서 참여자들이 서로 관계를 맺고 알아가는 과정은 해결해야 할 과제에 대한 논의보다 먼저 이루어진다. 서클 시간의 절

> **서클에서는 개인적인 이야기 나눔을 통해 지혜를 얻는다.**

반 이상은 본격적인 대화가 시작되기 전, 갈등이나 어려움에 대한 진솔한 나눔을 통해 대화를 위한 토대를 형성하는 데 사용된다. 가치에 대한 논의, 기본 규칙 만들기, 참여자 자신의 보이지 않는 면모에 대한 공유 등은 참여자들이 지성뿐만 아니라 영성과 감정까지 연결해주는 대화를 나누게끔 지원해주는 토대 형성 과정이다.

서클의 지혜는 개인적인 이야기를 통해 전달된다. 서클에서 삶의 경험은 충고보다 가치 있다. 참여자들은 당면한 문제를 이해하기 위해 자신들의 기쁨과 고통, 힘든 일과 영광, 연약함과 강인함에 대한 경험을 나눈다. 왜냐하면 이야기 나눔은 인간의 다양한 측면, 즉 영적·감정적·육체적·정신적 측면과 연관되어 있고, 듣는 이들은 이를 각기 다르게 받아들이기 때문이다.

평화형성서클의 유형

서클이 다양하게 활용됨에 따라 서로 다른 서클을 구분하기 위한 용어가 등장했다. 이 용어에 대한 논의는 계속 진행되고 있고, 아직 일반적으로 사용되는 것은 아니지만 여전히 유용하다.

- 이야기 나눔 서클

- 이해 서클
- 치유 서클
- 양형sentencing 서클
- 지원support 서클
- 공동체 형성 서클
- 갈등 서클
- 재통합/복원reintegration 서클
- 축하celebration 서클

이야기 나눔 서클: 이야기 나눔 서클에서 참여자들은 다양한 관점에서 특정한 문제나 주제에 대해 살펴본다. 이야기 나눔 서클은 주제에 대해 어떤 합의에 도달하려고 시도하지 않는다. 대신 모든 의견을 존중받으며 말할 기회를 제공하고 참여자들에게 다양한 견해를 접할 수 있는 기회를 통해 이후 자신들의 생각을 재정립할 수 있도록 한다.

이해 서클: 이해 서클은 갈등이나 어려운 상황의 여러 측면을 이해하는 것에 초점을 맞춘 이야기 나눔 서클이다. 이해 서클은 보통 의사 결정 서클이 아니므로 합의에 도달할 필요는 없다. 이해 서클의 목적은 특정한 사건이나 행동의 원인 또는 배경에 대한 좀 더 완성된 그림을 그려보는 것이다.

치유 서클: 치유 서클의 목적은 고통이나 트라우마, 상실을 경험한 사람의 감정을 나누는 것이다. 서클 이후의 지원 계획이 수립되기도 하지만 반드시 그래야 하는 것은 아니다.

> 고등학교 1학년 학생이 학교 결석 문제 때문에 서클에 참여했다. 담배도 피운다고 했다. 두 번째 서클에서 이 학생은 고등학교 1학년 가을 학기에 정학을 당한 후 자신이 학교생활을 하는 것이 얼마나 편치 않았는지를 이야기했다.
> 학생과 그의 엄마가 서클에서 그런 이야기를 하기 전에는 그가 다녔던 학교의 어느 누구도 그 경험이 학생에게 얼마나 큰 상처를 남겼는지 알지 못했다. 학생은 고등학생이 된 이래로 학교에서 누군가 자신을 이해하려 노력한 것은 이번이 처음이라고 말했다.

형벌 결정 서클: 형벌 결정 서클은 형사 정책과 협력하여 지역 공동체가 진행하는 과정이다. 이는 모든 참여자들의 우려를 해소할 수 있는 적절한 형벌을 결정하기 위한 것으로, 소송 결과에 영향을 받는 모든 사람들이 참여한다.

형벌 결정 서클은 해를 입은 사람, 해를 끼친 사람, 그들의 가족과 친구들, 지역 공동체 구성원, 사법 체계 대표판사, 검사, 변호사, 경찰, 보호 관찰 감독자, 그리고 다른 관련 전문가들을 한데 불러 모은다. 참여자들은 다음에 관해 논의한다.

- 무슨 일이 있었는가?
- 그 일이 왜 일어났는가?
- 그 일의 영향은 무엇인가?
- 피해를 복구하고 같은 일이 다시 일어나지 않도록 하기 위해 무엇이 필요한가?

합의를 통해 서클은 가해자에게 내릴 형벌을 결정하고 합의의 일부로 지역 공동체 구성원과 사법 공무원의 책임을 명기할 수도 있다. 형벌 결정 서클의 준비 과정에서 두 당사자를 한데 모으기 이전에 해를 입은 사람에 대한 치유 서클과 해를 끼친 사람에 대한 이해 서클을 진행하기도 한다.

지원 서클: 지원 서클은 특정한 고통스러운 사건이나 삶의 큰 변화를 겪은 사람을 지원하기 위해 필요한 사람을 한자리에 불러 모은다. 지원 서클은 주로 일정한 시기 동안 지속적으로 진행된다. 지원 서클은 합의나 계획을 만들 수 있지만 반드시 의사 결정 서클이어야 하는 것은 아니다.

공동체 형성 서클: 공동체 형성 서클의 목적은 주된 관심사가 동일한 집단 구성원들 사이의 유대감을 형성하고 관계를 맺도록 하는 것이다. 공동체 형성 서클은 효과적인 공동의 행동collective action과 상호 책임을 지원한다.

갈등 서클: 갈등 서클은 분쟁 당사자들을 한데 모아 자신들의 차이를 해결하도록 한다. 해결은 합의 형성을 통해 이루어진다.

재통합/복원 서클: 복원 서클은 격리되었던 개인을 다시 공동체의 구성원으로 받아들이기 위해 개인과 단체 또는 공동체를 한데 불러 모은다. 복원 서클은 많은 경우 합의를 이룬다. 복원 서클은 감옥이나 교정 시설에서 나와 사회로 복귀하는 청소년과 성인을 위해 활용되어왔다.

축하 서클 또는 추모 서클: 축하 서클은 기쁨과 성취감을 나누기 위해, 추모 서클은 어느 개인이나 집단을 기리기 위해 사람들을 모은다.

평화형성서클의 활용

평화형성서클은 다음 상황에서 활용되고 있다.
- 범죄 피해자를 지원하고 돕기 위해
- 청소년과 성인 피고인에 대한 형벌을 결정하기 위해
- 감옥에서 출소한 사람들이 사회에 복귀하는 것을 돕기 위해
- 보호 관찰 대상인 상습범을 지원하고 감독하기 위해
- 아동을 안전하게 보호하면서 아동 유기·학대로 기소된 가족을 돕기 위해
- 사회 복지 단체에서 협동심을 기르고 직원 교육을 하기 위해
- 조직 내 사명 선언문을 만들고 전략을 수립하기 위해
- 기관 내 새로운 프로그램을 개발하기 위해
- 일터에서 벌어지는 차별, 학대, 개인 간의 갈등을 해결하기 위해
- 이웃 간 분쟁을 처리하기 위해
- 교실과 운동장에서 일어나는 갈등을 다루기 위해
- 학교 규율을 세우기 위해
- 대안 학교에서 글쓰기 교육을 위해
- 6학년 학급이 보조 교사에게 입힌 피해를 치유하기 위해
- 약물 중독에 빠진 고등학생을 치료하기 위해
- 특정 학생들을 위한 교육 계획을 수립하기 위해
- 가족 갈등을 해결하기 위해
- 가족의 죽음을 애도하기 위해
- 환경과 개발 분쟁을 해결하기 위해
- 이민자 그룹과 지방 정부 간 대화를 촉진하기 위해
- 폭력 조직 간 대화를 촉진하기 위해
- 대학 수업 시간에 대해 토론하기 위해
- 졸업과 생일을 축하하기 위해
- 아이들이 쇼핑몰에 가는 것을 논의하기 위해

3. 서클 사례: 파업 이후 대안 모색 4)

 청소년 보호 시설 관리자들은 양극화 상태의 노동자 파업이 벌어진 직후, 서클 프로세스를 통해 문제를 해결하자는 제안에 대해 긍정적인 반응을 보였다. 그들은 서클을 통해 문제를 공론화하고, 사태 해결을 위해 무엇이 필요하고 어떤 치유 과정을 따를 것인지 살펴보기 위해 먼저 자신들의 이야기와 감정을 편안히 나눌 수 있는 안전한 공간을 만들기로 했다.

 우리의 계획은 우선 반나절 동안 진행할 서클 프로세스를 소개하고 사람들이 어려운 시기를 이겨내는 데 필요한 요소가 무엇인지를 알아내는 것이었다. 이는 치유 과정을 시작하는 계기가 될 수도 있을 것이고, 긴장의 원인이 되는 감정적인 문제에 집중할 두 번째 서클을 준비하는 데도 도움이 될 것이다.

 첫 번째 서클을 진행하고 1주일이 지난 후, 우리는 사람들이 어렵게 생각하는 핵심 사안을 다룰 두 번째 서클을 하루 종일 진행했다. 처음 서클을 시작할 때 우리는 두 차례의 서클이 장기적인 과정의 시작일 뿐이며 서클 진행자들은 전문가나 문제 해결사가 아니라는 사실을 분명히 밝혔다. 우리의 역할은 그저 서클 프로세스의 진행을 돕기 위해 지원하는 것이었다.

첫 번째 서클

우리는 상당한 시간을 들여 서클 프로세스에 함께 참여할 수 있는 작업 구조와 단계를 짰다. 우리는 서클을 진행하는 동안 참여자들이 아이들을 돕겠다는 사명감을 상기하도록 보호 시설 프로그램의 기본 원칙과 핵심 가치를 서클 한가운데 보이도록 배치했다. 이렇게 구성원들이 팀으로 일할 때, 기본 규칙과 핵심 가치를 떠올릴 수 있도록 미리 정하고 배치하는 일은 매우 중요하다. 또한 우리는 모두에게 학생들이 큰 원을 만들어 둘러싸고, 어른들이 성숙한 방식으로 문제를 해결하는 모습을 지켜보고 있다고 상상하라고 말했다. 이는 이 프로그램을 진행하고자 하는 자신들의 목적을 위해 정말 중요한 것이 무엇인지 상기시켜주었다.

우리는 서클이 이야기를 나누고 치유할 수 있는 안전한 공간이 되길 바란다고 말하면서 서클은 '직원회의'나 '조정 절차'와 다르다는 점을 강조했다. 우리는 각자가 주의 깊게 듣고, 마음에서 우러나온 이야기를 할 수 있으며, 동시에 말하지 않고 침묵할 권리를 지니고, 비밀이 보장되고, 토킹 피스를 들고 있는 사람만이 말할 기회를 가진 '신성한 공간'을 만들어 보여주는 방식을 취했다.

한편으로 서클 프로세스를 시작하고 끝낼 때는, 예를 들어 좋은 글을 읽는다거나 하는 다른 형태의 의식적인 일을 함으로써, 서클 작업에 도움이 되는 공감대를 형성하는 것이 중요하다고 강조했다. 우리는 또한 서클 진행자인 우리와 똑같이 참여자들 모두가 공동 진행 책임을 가지고 있다고 말했다. 만일 우리가 상당한 시간과 노력을 서클 프로세스를 소개하고 기획하는 데 쓴다면, 사람들은 틀림없이 점점 더 자신과 다른 사람들의 솔직함에 편안함을 느낄 환경을 만들 수 있을 것이다.

토킹 피스가 처음 몇 차례 돌 동안에는 참여자들이 긴장을 풀고 편안함을 느낄 수 있도록 각자 자기소개를 하고, 참석을 확인하면서 가벼운 질문을 던졌다. 다음 차례에는 참여자들이 서클 프로세스가 진행되는 동안 안전함을 느끼기 위해 무엇이 필요한지 물었다. 이 질문은 참여자들이 스스로 안전함을 느끼기 위해 무엇이 필요한지 생각하고, 자신들의 행동이 다른 사람에게 미칠 영향에 대해 인식할 수 있는 기회를 제공하기 때문에 중요하다.

다음 차례에서는 파업이 참여자들에게 개인적으로 어떤 영향을 미쳤는지 종이에 적어보도록 했다. 또한 파업 기간에 누군가 때문에 자신들이 해를 입었거나, 누군가에게 고의로 해를 끼쳤다고 생각하는 것이 있다면 적어보라고 했다. 다 적은 뒤에 다음에 만날 때까지 종이를 안전한 곳에 보관한 다음 만일 원할 경우 기록한 내용과 소감을 나눌 기회를 갖겠다고 말했다.

이 활동은 참여자들을 위해 파업이 자신, 가족, 동료와의 관계에 미친 영향뿐만 아니라 참여자 자신의 개인 행동에 대해 되돌아볼 기회를 제공한다는 취지에서 준비되었다. 우리는 참여자들에게 기관 프로그램과 자신들을 위해 앞으로 석 달 동안 무엇을 하기를 원하는지 묻는 것으로 첫 번째 서클을 마무리했다.

결과적으로 첫 번째 서클은 참여자들 사이에 분명히 긴장이 존재하기는 했지만 긍정적이었다. 사람들이 아이들과 함께 자신들의 의미 있는 활동을 지속하길 바라고 있고, 이를 무엇보다 우선적인 가치로 생각하고 있다는 점은 분명했다. 그러나 노동조합을 바라보는 뿌리 깊은 시선과 스트레스에 대한 개인의 반응들, 현재의 분노 수준으로 인해 파업 이후 어떻게 해야 하는가에 대해서는 견해가 대립했다. 어떤 사람들은 어려운 문제에 곧바로 직면할 준비가 되어 있었으나 다른 이들은 서클이 진행되는 동안 혹시 무슨 안 좋은 일이 생기지나 않을까 매우 걱정했다.

어떤 참여자들은 문제를 해결하기 위해 서클이 진행되는 것을 기쁘게 받아들였지만, 어떤 참여자들은 서클에 대해 기대하지 않았고 시간 낭비일 뿐이라고 말했다. 서클에 대해 사람들이 저마다 다른 기대를 하는 상황이기는 하지만 우리는 다음 단계로 나아갈 준비가 되었다고 믿었다.

두 번째 서클

우리는 서클을 시작하기에 앞서 여는 글을 읽고 지난번에 무엇을 했는지 되돌아보았으며 서클 중심에 있는 기본 원칙과 핵심 가치를 다시 한 번 강조했다. 우리는 참여자들에게 아이들이 우리 주위를 둘러싸고 있는 광경을 떠올리면서 모두가 큰 그림에 집중할 수 있도록 노력하라고 말했다.

첫 번째 토킹 피스를 건네면서 참석 확인을 할 겸 참여자들이 어떻게 지냈는지, 다시 서클에 들어온 기분이 어떤지 물었다. 다음 차례에는 파업 기간에 자신과 가족들을 가장 힘들게 한 것이 무엇이었는지 물었다.

참여자들이 파업 도중에 경험한 스트레스와 아직도 남아 있는 스트레스에 대해 차근차근 생생하게 말하느라 토킹 피스가 두 바퀴 돌기까지는 상당한 시간이 걸렸다.

다음 차례에서는 지난주에 종이에 적었던, 파업이 개인에게 끼친 영향에 대해 이야기하는 시간을 가졌다. 참여자들이 어떤 영향을 받았다고 생각하는지, 자신들이 어떤 해를 입었다고 생각하는지, 자신들의 행동이 동료들에게 어떤 해를 끼쳤다고 생각하는지 자세히 말하는 시간이었기 때문에 분위기는 다소 감정적으로 흘렀다.

그 다음 차례에서는 앞으로 필요한 것이 무엇인지를 이야기하는 시간을 가졌다. 참여자들은 시간, 인내, 이해, 용서와 같은 다양한 것이 필요하다는 의견을 제시했다. 많은 사람들이 이미 사과를 했기 때문에 이번에는 피해를 처리하기 위해 어떻게 보상을 할 것인지 계획을 세우라고 격려했다.

  참여자들이 치유를 위해 무엇이 필요한지를 아주 잘 설명했으므로, 우리는 계속해서 서클 프로그램이 안전하고 건전한 방식으로 진행될 수 있도록 참여자들에게 도움을 부탁했다. 참여자들은 대부분 긍정적이고 희망적으로 반응했고 청소년들에게 시설이 제공하는 수준 높은 프로그램을 이번 서클 프로그램을 통해 유지하겠다는 굳은 의지를 보여주었다.

4. 서클의 토대

"우리 모두에게는 다른 사람들과 선한 방법으로 연결되고 싶어 하는 강한 욕구가 있습니다."

― 배리 스튜어트 판사, 캐나다 유콘

가치

평화형성서클은 중립적이지 않으며 가치 판단의 측면을 배제하지 않는다. 그것은 오히려 공유 가치에 기반을 두고 있다. 어떤 특정한 가치들이 서클의 가치라고 규정되어 있는 것은 아니지만, 그 가치 체계는 모든 서클에서 동일하게 나타난다.

> **서클은 선한 방법으로 다른 사람과 연결되기를 바라는 보편적인 인간 소망을 전제로 한다.**

서클은 선한 방법으로 다른 사람과 연결되기를 바라는 보편적인 인간 소망을 전제로 하며, 서클의 가치는 이러한 기본적인 인간 본성에서 비롯한다. 그러므로 다른 사람과 좋은 관계를 맺게 하는 가치들이 서클의 토대가 된다.[5]

그러한 가치들을 표현하는 단 한 가지 옳은 방법은 없다. 나의 경험에 비추어 보더라도 그 가치들은 어느 집단을 막론하고 서로 유사하기는 하지만, 그렇다고 해서 그것을 당연한 것으로 받아들여서는 안 된다. 평화형성서클은 문제를 본격적으로 다루기 전에 가치들을 의도적이면서도 분명하게 찾아내어 확인한다. 서클은 모든 참여자들에게 최대한 이러한 가치들에 부합하게 행동할 것을 요구하기 때문에 참여자들은 반드시 진심으로 그 가치들을 지키려고 노력해야 한다.

『평화형성서클: 갈등을 극복하고 공동체를 세우는』대장간 역간라는 책은 존중, 솔직함, 친절함, 나눔, 용기, 포용, 공감, 신뢰, 용서와 사랑6)을 서클의 기본 가치로 제시하고 있다. 미네소타 주 워싱턴 지역의 공동체 서클은 서클의 기본 가치로 존중, 친절함, 연민, 영성 그리고 솔직함을 정했다.

많은 사람들은 문제를 일으키는 아이들이 이 가치들을 공유하지 않을 것이라고 생각한다. 그러나 교정 시설에 있는 청소년들은 존중, 열린 태도, 책임감, 보살핌, 솔직함, 그리고 다른 사람의 견해 듣기를 포함하는 서클의 가치들을 만들었다.

이러한 사례는 보편적인 가치 체계다른 이들과 훌륭하게 관계 맺도록 하는 가치들와 자신들의 행동을 이끄는 가치를 언어로 표현하는 방식이 집단에 따라 다양하다는 것을 보여준다. 참여자들이 신중하게 서로가 지켜야 할 가치를 결정한 경우, 그들은 가치에 부합하는 행동을 하려고 더욱 노력하게 된다. 자기 통제를 서클의 기본 가치로 삼고 싶다고 말했던 어느 서클 참여자는 나중에 이렇게 술회했다.

"내가 서클의 기본 가치로 자기 통제를 말한 것이 지금 무척 기뻐요. 그렇지 않았다면 저는 지금 자기 통제를 하려고도 하지 않을 테니 말이에요."

고대의 가르침

인간의 최고 자아best selves와 관련된 이러한 가치 외에도 서클 프로세스의 토대는 우주가 가진 본성에 대한 몇 가지 기대들을 담고 있다. 이것들은 대부분의 토착 집단 문화의 세계관에 보편적으로 나타나며, 또한 동그라미의 이미지를 연상케 한다. 이러한 기대들은 문화적 가르침을 통해 세대를 거쳐 전해져 왔다.

서클을 이루기 위해 우리는 다른 이들이 우리를 필요로 하는 것과 마찬가지로 다른 사람을 필요로 한다.

서클 프로세스의 밑바탕에 놓여 있는 가장 중요한 가르침 하나는 우주의 모든 것이 서로 연결되어 있다는 전제이다. 이 가르침은, 모든 행동은 우주 전체에 영향을 미치기에 다른 것에 영향을 주지 않는 행동을 한다는 것이 불가능하다는 것을 우리에게 잘 말해준다. 이러한 세계관에 따르면 객관적인 관찰자 시점 또는 분리된 시각이란 존재할 수 없다. 모든 것은 연결되어 있다.

이 전제로부터 우리는 문제를 단순히 그냥 '제거'할 수 없다는 명제를 도출하게 된다. 사람들이 회복적 정의에 대해 설명하는 것을 들은 교육자가 말했다.

"오, 알겠어요. 30년 전에 우리가 창밖으로 병을 집어던지고 그것을 '내버렸다'고 생각했지만 세상 어디에도 우리가 '내버린' 것은 없다는 것을 환경 운동이 알려준 것과 같은 이치군요. 사람에 대해서도 마찬가지고요."

무언가를 버렸으니 그것이 사라졌다고 생각한다면, 그 없어졌다고 여긴 것 때문에 이후에 해를 입을 수도 있다는 사실을 우리는 알아야 한다. 서클에서 중요한 것은, 우리의 행동이 다른 사람에게 영향을 미치고, 우리의 운명이 서로 연결되어 있음을 깨닫는 것이다. 누군가에게 해로운 것은 모두에게 해롭다. 누군가에게 좋은 것은 모두에게 이롭다.

서로 연결되어 있기에 필연적으로 따라오는 또 다른 가르침은 우리가 상호 의존적이기 때문에 근본적으로 서로를 필요로 한다는 것이다. 범죄자를 위한 서클에 참여한 공동체 성원은 이렇게 말했다.

내가 가진 것을 지키기 위해 내가 할 일은 그것을 내려놓는 것입니다. 나는 서클에 있어야 해요. 나 홀로 있을 때는 그다지 좋지 않았죠. 사람들은 서로를 돕기 위해 함께 모입니다. 지키기 위해 내려놓습니다. 그것이 바로 서클이 작동하는 방식입니다.

서클의 기본 전제는, 우리가 서클을 이루기 위해 다른 사람을 필요로 하듯이 다른 사람들도 우리를 필요로 한다는 것이다.

우리가 모두 연결되어 있고 서로 의존적이기 때문에 우리 각자는 전체에게 의미가 있다. 그러므로 서클은 모든 사람이 타고난 존엄성과 가치를 지닌다는 믿음을 바탕으로 작동한다. 우리는 똑같이 존중받을 자격이 있고, 우리의 견해를 말할 기회를 가질 자격이 있다.

양자물리학에서는 모든 것이 연결되어 있다고 판단하기 때문에, 객관적인 관찰자란 없으며 인간은 근본적으로 서로 의존적이라는 사실을 지지하고 있다. 마거릿 J. 휘틀리는 자신의 책 『지도력과 새로운 과학』에서 서구 사회는 우주에 대한 뉴턴식 이해에서 양자 물리학적으로 사고를 전환해야 한다는 발견을 한 지 100년이 지나서야 인간관계와 조직을 서로 연관 지어 생각하기 시작했다고 말했다.[7]

휘틀리는 이렇게 말한다.

우리는 우주에 대한 뉴턴식 이미지에 따라 만들어진 구조 속에서 일하고 살아간다. 사물은 말 그대로 또는 상징적으로(우리가 비즈니스 기능과 학문적 규율을 나누었듯이) 분리되거나 분해될 수 있으며, 중요한 손실 없이 나중에 다시 복구될 수 있다. 이에 따르면 각각의 작용을 이해함으로써 전체도 이해할 수 있다. 세상에 대한 뉴턴식 모델은 물질주의와 환원주의로 대표되는데, 이는 관계보다는 개체에 초점을 두고 있다.[8]

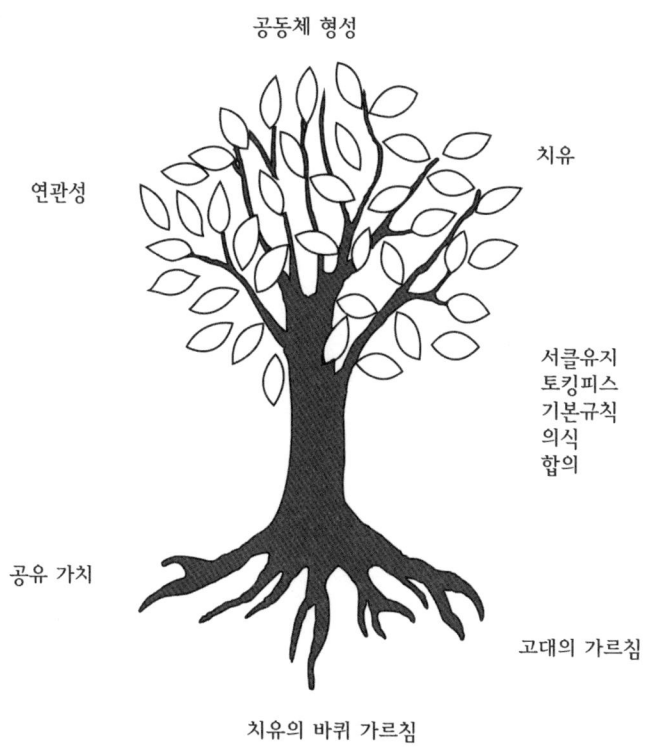

이와 비교해 휘틀리는 양자역학에 대해 이렇게 설명하고 있다.

> 양자역학은 실제(reality)에 대한 우리의 개념 대부분을 깨뜨린다. 이에 따르면 관계야말로 관찰 대상의 핵심 요소이다. 분자들은 다른 것과의 관계 속에서만 관찰되고, 결코 독립적인 '물질(things)'로 존재하지 않는다. 이전에는 따로 분리된 독립체라고 여겼던 이 보이지 않는 상호 관계야말로 모든 생명체의 근본 요소이다.[9]

모든 것이 서로 연결되어 있다는 관점은 아마도 서구 문화에서는 다소 생소할 테지만 대부분의 토착 문화에서는 익숙하다. 결과적으로 고대의 지혜와 현대 과학은 서로 다른 두 가지 지식의 방식과 아주 다른 문화에서 출발하여 같은 결론에 이른 것이다. 비록 현대 물리학과 고대 형이상학이 동일한 결론에 이르렀다고 할지라도, 이러한 믿음이 객관적인 실제와 분리할 수 있는 구성요소라는 뉴턴식 모델에 따라 만들어진 많은 서구 사회 구조의 토대를 이루고 있지는 않다.

서클을 뒷받침하는 또 다른 고대의 가르침은 인간의 경험이 정신적, 육체적, 감정적, 영적 차원을 가지고 있다는 것이다. 인간 경험의 이 모든 차원은 똑같이 중요하며 우리 공동의 삶에 꼭 필요한 선물들이다. 네 가지 차원의 균형을 이루는 것은 개인과 공동체의 건강을 위해 중요하다. 서클은 의도적으로 인간 경험의 네 가지 차원들을 인지하고 환영할 수 있는 안전한 공간을 창출해 낸다.

말하는 사람의 개인적인 견해를 반영하는 감정적이고 영적인 표현은 다른 사람에게 그대로 적용되지 않을 수 있지만 서클에서는 허용된다. 참여자들의 갈등과 어려움은 감정적이고 영적인 요소를 가지고 있어서, 효과적인 해결책을 찾기 위해서는 육체적이고 정신적인 요소뿐만 아니라 감정적이고 영적인 요소를 탐구할 필요가 있다는 것이 바로 서클의 판단이다.

믿음의 공동체 안에서의 서클 활용

토머스 W. 포터 주니어, 정의평화센터 책임자

케이 프라니스의 작업에서 영감을 얻어 미국 감리교 조정과 갈등 전환 정의평화센터는 서클이 교회에 줄 수 있는 위대한 선물이라는 것을 발견했다. 우리가 발견한 것은 다음과 같다.

- 서클 프로세스는 최선의 신학을 상기시킨다.
- 의식(ritual)적이고 신성한 공간과 시간의 중요성을 깨닫게 한다.
- 관계성을 토대로 하여 만든 약속의 중요성을 강조한다.
- 마음을 다해 주의 깊게 듣고, 존중해서 말할 것을 격려한다.
- 우리를 회의 운영 절차에서 벗어나 합의 형성을 통한 의사 결정으로 이끈다.
- 목회자와 관리자들의 역량을 강화하고, 리더십을 이해하도록 한다.
- 화해, 치유 관계, 공동체 형성의 사명에 집중하도록 한다.

요약하면, 서클 프로세스는 우리(교회)를 더욱 신실한 교회가 되도록 인도했다. 점점 더 많은 이들이 서클을 받아들임에 따라, 우리는 서클이 결정을 내리고 고충 처리 절차를 수행하고, 심지어 화해와 치유의 과정을 통해 거룩한 모임을 경험할 수 있는, 방식을 전환시키는 힘을 지니고 있다는 것을 깨달았다

5. 서클 사례: 교실에서 서로 이해하기[10]

한 초등학교 학생이 다음 휴일에 학교에 불을 지르겠다고 위협했다. 이 사건은 콜로라도 리틀턴의 학교에서 총기 난사 사건이 발생한 뒤 일어났는데, 이 학생의 분노는 동급생들을 두려움에 떨게 만들었다.

담임교사는 학생들을 위해 이해 서클을 진행해줄 것을 부탁했고, 다음날 학급 전체가 이 서클에 참여했다. 서클에서 학생들은 그 위협이 자신들에게 어떤 영향을 미쳤는지 이야기했다. 많은 학생들이 악몽을 꾸었다고 말했다. 학생들은 또 자신들의 행동이 위협을 가한 학생에게 어떤 영향을 미쳤는지, 자신들을 위협한 학생의 행동에 어떤 책임이 있다고 생각하는지 이야기했다.

위협을 했던 학생은 서클을 마무리하면서 앞으로 이렇게 달라지겠다고 약속했다.

- 친구들에게 욕을 하거나 친구들을 위협하지 않고
- 말하기 전에 생각하고
- 화가 났을 때는 마음을 가라앉히기 위해 홀로 떨어져 걸은 후

나중에 이야기하기

그 학생은 또한 같은 반 친구들에게 사과 편지를 쓰기로 했다. 같은 반 친구들도 그 학생에게 이렇게 약속했다.

- 그 아이에게 친절하게 대하고
- 그 아이에 대한 거짓 소문을 만들지 않고
- 놀리지 않고
- 그 아이와 친구가 되어 같이 놀고
- 수업 시간에 짝꿍이 되어주고
- 새로운 친구를 사귈 수 있게 도와주고
- 그 아이를 보호해 주고
- 그 아이를 용서하고 한 번 더 기회를 주고
- 방과 후에 농구를 같이 하기

예전대로라면 학교는 학기가 끝날 때까지 그 학생이 운동장에서 놀지 못하게 금지했을 것이었다. 같은 반 친구들은 그렇게 하는 대신 그에게 다시 기회를 주기로 했다. 아이들은 만일 모두가 서클에서 합의한 약속을 지킨다면 앞으로는 운동장에서 문제가 일어날 일은 없을 것이라고 생각했다. 아이들이 옳았다. 그 학생은 반 친구들과 운동장에서 놀 수 있는 기회를 얻었고 자신의 약속을 지켰다.

6. 서클의 핵심 요소

서클의 구성 요소

가치와 고대 가르침을 기반으로 하여 만들어진 서클은, 사람들이 갈등을 겪거나 피해를 입고 어려움을 겪는 상황에 처했다 할지라도 다른 이들과 잘 연결될 수 있는 안전한 공간을 창조하기 위해 다섯 가지 핵심적인 구조적 요소를 활용한다. 이 요소에는 의식, 기본 규칙, 토킹 피스, 진행, 합의를 통한 의사 결정이 포함된다.

의식 Ceremony

여는 의식과 닫는 의식은 서클의 공간과 시간을 구분 짓는다. 참여자들이 다른 이들과 깊이 연결되어 있음을 느끼면서, 다른 이들과 거리를 두게 만드는 일상의 가면과 보호막을 벗도록 격려받는다는 점에서 서클은 분명히 특별한 공간이다.

여는 의식은 참여자들이 일상의 속도와 분위기에서 서클의 속도와 분위기로 전환하도록 돕는다. 여는 의식은 참여자들이 자신에게 집중하고, 핵심 가치를 떠올리면서 관련 없는 긴장감이 주는 나쁜 기운을 털어내고, 긍정적인 마음가짐을 지니도록 격려하며, 참여자 모두를 존중하도록 이끈다.

닫는 의식은 서클의 노력을 확인하고, 참여자들의 상호 연결을 굳건히 해주며, 앞으로의 희망을 전하고, 참여자들이 일상의 공간으로 되돌아갈 준비를 하도록 돕는다. 여는 의식과 닫는 의식은 각기 다른 집단의 특징과 문화적인 여건을 고려하여 준비한다.

기본 규칙

서클의 기본 규칙은 참여자들이 서클에서 서로에게 어떻게 행동할 것인가에 대한 약속이다. 기본 규칙을 만드는 목적은, 참여자들이 자신의 진실한 생각을 말하고 다른 이들과 좋은 방식으로 연결되고자 하는 본성에 따라 행동하는 것을 안전하다고 느끼게 하고 필요한 과정에 따라 서클이 진행될 것이라는 명확한 기대를 심어주기 위해서이다. 서클마다 각기 서클의 요구를 충족시키는 기본 규칙을 만들어내며, 이 기본 규칙에는 존중하며 말하기와 듣기, 그리고 일정 형태의 비밀 보장이 항상 포함된다.

진행자뿐만 아니라 서클의 모든 참여자들은 기본 규칙을 만들고 이행할 책임을 공유한다. 기본 규칙은 엄격한 제한이 아니라

서클의 기본 규칙은 합의를 통해 만들어진다. 서클에 참여한 모든 이들에게 기대되는 행동이 무엇인지를 상기시켜주고 도와주는 도구이다. 기본 규칙은 참여자들에게 억지로 부과되는 것이 아니라 서클에서 합의를 통해 채택된다.

기본 규칙 만들기는 준비 단계에서 시작하여 서클이 진행되는 동안 계속된다. 만일 제안된 기본 규칙에 동의하지 않는 사람들이 있다면 진행자는 기본 규칙의 목적과 제기된 우려에 대한 논의를 진행한다. 이는 서클이 상호 이해를 위한, 모든 참여자들을 존중하는 공간임에 대한 합의를 재확인하는 탐색 절차이다.

일반적으로 기본 규칙에 대한 합의 형성은 어렵지 않다. 예를 들어, 서로 적대감을 느끼는 상황에서 당사자들이 서로의 이야기를 듣는 것에 가치를 두지 않는다고 할지라도 그들은 여전히 존중하며 듣는 것을 기본 규칙으로 원한다. 왜냐하면 그들은 상대방이 자신들의 이야기를 존중하면서 듣기를 바라기 때문이다. 기본 규칙은 사람들에게 다른 이들로부터 무엇을 원하는지 묻는 것을 통해 만들어지고, 이 기본 규칙은 서클의 모든 참여자들에게 적용된다.

기본 규칙에 대한 논의는 서클 참여자들이 다른 이들과 어떤 방식으로 함께 하고 싶은지를 성찰하게 하고, 이를 통해 갈등이나 분노 상황과는 다르게 한 번 더 살펴서 행동하게 한다.

토킹 피스

토킹 피스는 서클을 따라 사람에서 사람으로 건네는 물건이다. 토킹 피스는, 그것을 들고 있는 사람이 말할 기회를 갖고 다른 참여자들은 대답을 생각하지 않고 들을 기회를 갖는다는 것을 상징한다. 토킹 피스를 가진 사람은 침묵을 택할 수도 있고, 말하지 않고 그냥 옆 사람에게 건넬 수도 있다. 토킹 피스를 받았다고 해서 말을 해야 할 의무는 없다.

토킹 피스는 참여자들이 마음 깊은 곳 진실을 털어놓을 수 있는 공간 만드는 것이 핵심적인 요소이다.

토킹 피스는 서클 참여자들이 내면의 진실을 말할 수 있는 공간을 만드는 것이 핵심적인 요소이다. 이는 말하는 사람이 아무런 방해를 받지 않고 자신의 마음속에 떠오르는 것을 표현할 적절한 말을 찾는 동안 가만히 생각할 수 있도록 하며, 다른 이들이 온전히 존중하며 내 이야기를 듣고 있음을 확신시킨다. 토킹 피스는 대화의 속도를 늦추고 참여자들이 서로 사려 깊게 반응하도록 격려한다. 토킹 피스는 종종 참여자들의 공동 가치와 관련된 상징성을 띠고 있어 말하는 사람에게 그 가치를 분명히 상기시키는 역할을 한다.

토킹 피스는 대화에 일정 정도의 질서를 부여하여 서클의 진행을 방해하지 않으면서 어려운 감정 표현을 가능하게 한다. 한 번에 한 사람만 말할 수 있기 때문이다. 토킹 피스는 서클을 따라 차례로 다른 사람에게로 이동하며, 이로 인해 두 사람이 의견이 다르거나 화가 났다고 해도 서로 대화를 주고받을 수는 없다. 토킹 피스는 어려운 감정에 반응하고 이를 관리할 책임을 서클 전체에 고루 나누어준다. 서클 참여자들은 보통 진행자가 토킹 피스를 건네받을 때까지 말하지 않을 것을 알기에 드러난 고통, 화, 갈등에 대해 자주 반응하게 된다.

토킹 피스는 평등주의를 구현하는 강력한 도구이다. 모든 참여자들은 똑같이 말할 기회를 갖는다. 토킹 피스는 모든 참여자들이 저마다 그들 전체에게 뭔가 중요한 것을 제공하리라는 기대를 분명히 전달한다. 토킹 피스는 일반적인 공개 대화에서 자신들의 의견을 밝히지 않는 조용한 사람들의 참여를 이끌어낸다. 손에서 손으로 건네지는 토킹 피스는 서클 참여자들 사이를 연결하는 그물망을 엮어낸다.

진행

흔히 서클의 진행자를 '키퍼'라고 부른다. 감리교 정의평화센터 책임자 토머스 포터는 교회에서 서클을 진행할 때 '집사'라는 용어를 사용한다. 이 책에서 나는 키퍼와 진행자를 혼용하고 있다. 서클의 진행자는 해법을 찾거나 서클 참여자들을 통제할 책임을 지지 않는다. 진행자의 역할은 서로를 존중하는 안전한 공간을 마련하고, 참여자들이 공간과 공동의 과제에 대해 책임감을 나눠 갖도록 이끌어내는 것이다.

서클의 진행자는 서클의 진행 내내 수준 높고 편안한 공간을 유지하는 것에 주의를 기울여 신중하게 상황을 확인하면서 참여자들이 개인의 지혜나 공동의 지혜에 접근할 수 있도록 도와야 한다. 대화를 조절하는 역할의 대부분을 토킹 피스가 수행하기 때문에, 서클의 진행자는 다른 대화 절차에 비해 역할이 적다. 진행자는 토킹 피스 없이 말할 수도 있지만 그렇게 하는 경우는 드물다.

진행자의 역할은 서구의 갈등 해결 모델과는 다르게 '중립적'이지 않다. 진행자는 서클 참여자이기 때문에 자신의 생각, 의견, 이야기를 나눌 수 있다. 진행자의 편견을 최소화하는 것은 여전히 서클의 목적이지만, 이는 서클의 모든 참여자를 보살피는 것으로 달성되지 임상 거리clinical distance를 유지함으로써 이루어지지 않는다.

서클의 기본 규칙이 참여자들의 합의를 통해 결정되기 때문에 진행자는 명령하는 사람이 아니라 감독하는 사람이다. 만일 기본 규칙이 지켜지지 않으면. 진행자는 참여자들이 기본 규칙을 지킬 필요가 있다는 것을 주지시킨다.11) 소규모 서클을 제외하고 서클은 보통 두 명의 진행자가 참여한다. 효과적인 진행자의 가장 중요한 자질 중 하나는 저절로 흘러가도록 내버려두는 능력과 과정과 결과의 책임을 모든 서클 참여자들이 공유하게 만드는 능력이다.

합의를 통한 의사 결정

모든 평화형성서클이 의사 결정을 하는 것은 아니지만, 만일 그럴 경우, 의사 결정은 합의를 통해 이루어진다. 서클 프로세스에서 합의는 보통 모든 참여자들이 그 결정에 따르고 이행을 지지할 의사가 있음을 뜻한다.

합의를 통한 의사 결정은 모든 참여자들의 욕구needs와 이해interests를 깊이 인식하고, 이러한 모든 욕구를 만족시키는 방법을 찾는 것을 기본으로 삼는다. 이를 위해서는 의사 결정을 하기 전에 주의 깊게 듣고 의견을 나누는 것이 필요하다. 합의를 이루기 위해 참여자들은 자신의 욕구를 충족시킴과 동시에 다른 사람의 욕구를 충족시킬 수 있는 방법을 찾게 된다. 합의는 참여자들이 만일 자신이 어떤 결정을 받아들일 수 없을 경우에 솔직하게 말할 것을 요구한다. 이 경우에 그룹은 의견을 말한 참여자들과 그룹 전체가 받아들일 수 있는 해결책을 찾아야 한다.

합의 과정은 강요나 주장보다는 탐구의 자세를 요구한다. 토킹 피스의 활용 덕택에 존중하는 자세로 모든 참여자들의 이야기를 주의 깊게 듣게 되어 합의 형성을 통한 의사 결정은 서클의 자연스러운 결과가 된다.

항상 합의를 도출할 수 있는 것은 아니다. 그렇지만 모든 사람의 의견을 충분히 들을 적절한 시간이 주어진다면 서클에서 합의에 이르지 못하는 경우는 매우 드물다. 참여자들이 자신들의 의견이 충분히 전달되었다고 느끼고, 서클이 자신들의 욕구를 충족시키기 위해 노력하는 모습을 본 상황이라면, 그들이 원하는 결정을 얻지 못했다고 하더라도 보통 합의를 방해하지 않는다.

만일 합의를 이루지 못했다면 일반적으로 적용되는 절차로 되돌아갈 수 있다. 일반적으로 서클 덕분에 다른 절차에서 훨씬 풍부한 정보를 사용할 수 있게 된다.

합의를 통한 의사 결정은 더욱 효과적이고 지속 가능한 동의를 만들어낸다. 왜냐하면 합의를 이루는 그 과정이 모두에게 힘을 주기 때문이다. 합의에 이르기 위해서 참여자 전체는 대체로 힘이 없는 사람들의 이해에 관심을 갖게 될 수밖에 없다. 합의 절차는 모든 사람들의 관심과 이해가 고려되어야 하기에 더욱 본질적인 민주적 결과를 만들어낼 가능성을 높인다. 결정 사항은 참여한 모든 사람을 대변하는 것이어야 한다. 그렇지 않으면 합의를 이룰 수 없다. 그러므로 결정은 어느 정도까지 모든 사람의 이해를 충족시켜야만 한다.

합의는 서클 참여자 모두에게 힘을 준다.

모든 참여자들의 이해를 충족시키는 결정이나 계획은 성공 가능성이 훨씬 높은데, 왜냐하면 참여자들이 합의 사항을 이행하면서 무엇인가를 얻기 때문이다. 결과적으로 모든 참여자는 성공에 투자한 셈이다. 합의를 통한 의사 결정은 일반적으로 다른 절차보다 의사 결정에 시간이 더 걸리지만 이행 단계에서는 시간이 덜 걸린다. 모든 당사자들이 결정에 따르기로 약속한 덕분이다.

이 다섯 가지 구조적 요소들의식, 기본 규칙, 토킹 피스, 진행자, 합의 형성을 통한 의사 결정은 공유된 가치와 고대의 가르침을 기반으로 하여, 사람들이 자신들 안에 있는 최선의 것을 끄집어내 다른 사람과 깊이 연결될 수 있는 '그릇'을 만들어낸다.

이야기하기의 중요성

이야기하기storytelling는 듣는 이들의 마음을 여는 방식으로 정보를 전달한다. 어떤 정보를 접할 때 우리는 동의하는지, 동의하지 않는지 결정할 검열 장치를 곧바로 작동시킨다. 우리의 정신이 먼저 움직이고 나서야 어떻게 반응할지를 생각하기 시작한다.

남의 이야기를 듣는 방식은 다양하다. 듣는 사람이 등을 기대고 편한 자세를 취한다면 좀 더 쉽게 마음을 열고 긴장을 풀 수 있다. 우리는 내용을 판단하기 전에 이야기 자체를 받아들인다. 우리는 이성적 판단뿐만 아니라 감정적 반응도 한다. 다양한 방식의 듣기는 정보를 깊이 전달해서 사람들이 더 잘 이해할 수 있게 만든다.

서클은 이야기하는 storytelling 과정이다. 서클은 가르침이나 충고, 어떻게 하라고 말하는 방식이 아니라 어려움, 고통, 기쁨, 좌절, 성취에 대해 이야기를 나눔으로써 참여한 모든 사람의 개인사와 경험을 통해 상황을 이해하고 앞으로 나아갈 수 있는 멋진 방법을 찾도록 돕는다. 개인적인 이야기들은 서클의 통찰력과 지혜의 원천이다.

우리는 이야기를 나눔으로써 다른 이들이 우리와 연결되어 있음을 느끼고, 서로의 공통점을 발견하고, 우리 자신에 대해 더욱 완전하게 이해할 수 있는 공간을 만든다. 서로를 존중하며 말하고 듣는 관계를 통해, 말하고 듣는 사람 모두 다른 사람과 좀 더 깊이 연결된다. 사람들이 고통이나 실수에 대한 이야기를 나누면서 보호막을 거두고 스스로 끊임없이 고민하는 약한 인간임을 드러내는 순간, 우리는 그들과 더욱 가까이 연결되어 있음을 느끼게 된다. 우리의 보편적인 인간성을 느끼는데 다른 사람을 나와 동떨어진 '타인'으로 생각하고 그 사람과 단절되어 있다고 생각하기는 힘들다. 자신의 고통과 나약함을 말하는 이에게 분노하거나 화를 내거나 무관심하기는 더 힘들다. 잘 알지 못하는 사람이더라도 서로의 삶과 고통과 나약함에 대해 서로 이야기를 나누다 보면 종종 이야기 상대에게 가졌던 선입견들이 사라지는 것을 경험하게 된다.

  자신의 이야기를 하는 것은 자아 성찰의 과정이다. 내 이야기를 하는 동안 우리는 자신에게 무슨 일이 일어났는지, 왜 그리고 어떻게 그 일이 나에게 영향을 미쳤는지, 우리가 자신과 다른 사람을 어떻게 바라보고 있는지에 대해 분명하게 이해하게 된다. 우리가 자신의 이야기를 구성하는 방식은 현실에 대한 우리의 시각을 보여주는데, 이는 내 이야기를 다른 사람에게 말할 때 더욱 분명해진다.

이야기하기는 서클 참여자들 사이의 유대를 강화하고 자아 성찰을 촉진하며 북돋운다.

사람들은 서로 연결되고 존중받고 있음을 느끼기 위해서 자기 이야기를 들어줄 사람을 필요로 한다. 우리의 문화에서 누군가로 하여금 자기 이야기를 듣도록 하는 것은 영향력을 행사하는 것이다. 더 많은 영향력을 가질수록 더 많은 이들이 당신의 이야기를 존중하며 들어줄 것이다. 누군가의 이야기를 존중하며 들어준다는 것은 그 사람의 고유한 가치를 존중해주는 것이며 건설적인 방법으로 말하는 사람에게 힘을 실어주는 것이다.

관계에 초점 맞추기

서클 프로세스에서 본격적으로 문제를 다루거나 실행하기 전에 참여자들은 반드시 서로 연결되는 시간을 가져야 한다. 유콘의 서클 진행자 해럴드 가텐스비Harold Gatensby는 네 개의 동등한

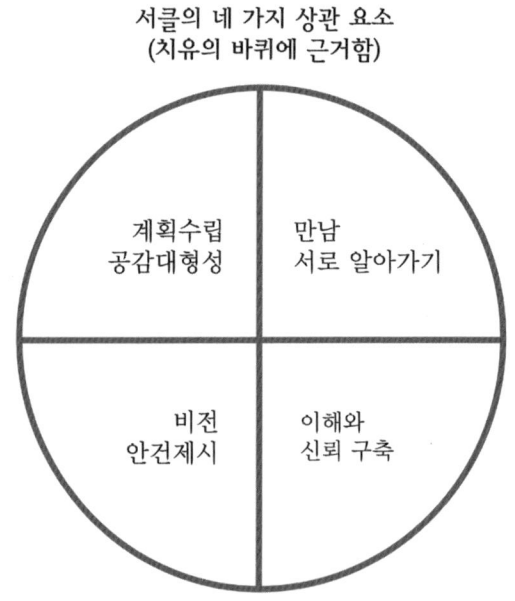

서클의 네 가지 상관 요소
(치유의 바퀴에 근거함)

구역 또는 서클의 요소를 나타내는 치유의 바퀴Medicine Wheel 그림을 사용하고 있는데아래 그림 참조, 이 치유의 바퀴는 문제를 논의하고 실행 계획을 세우는 데 필요한 만큼의 시간을 서로 알고 이해하는 데 힘써야 한다는 사실을 잘 보여준다.

서로 깊이 알고 관계를 형성하는 것은 서클 안에서 가장 먼저 이루어진다. 서클의 처음 몇 단계를 거치는 동안 사람들은 자신이 누구인지, 중요한 것이 무엇인지, 어떠한 삶을 살아왔는지에 대해서 이야기한다. 처음 몇 차례 서클을 도는 동안에는 논쟁거리에 대해 초점을 맞추지 않는다.

소개하는 차례에서 흔히 참여자들은 자신들이 의미 있다고 생각하는 것들에 대해 이야기한다. 가치 찾기 바퀴에서는 참여자들에게 서클에서 다루고 싶은 가치가 무엇인지 생각하고 그것이 왜 중요한지 이야기하도록 한다. 갈등 해결 서클의 경우, 참여자들은 다른 사람에게 해를 가했지만 더 나은 방법으로 해결했던 자신의 사례를 나눌 수도 있다. 이때 진행자는 마음속 깊이에 있는 감정을 나누는 것이 수반하는 취약성상처받기 쉬운 상태을 시범적으로 보여준다. 이러한 대화는 긍정적인 나눔으로 나아가야 한다.

참여자들이 자신에 대해 잘 알려지지 않았거나 보이지 않았던 면에 대해 긍정적인 관점에서 이야기할 때 다른 사람들이 추측했던 부정적인 선입견들은 깨지기 시작한다. 그리고 참여자들은 이야기를 나눔에 따라 자신들이 서로 다르지 않다는 것을 예기치 않게 발견하게 된다.

신중한 준비, 따뜻한 환영, 사려 깊은 시작, 함께 정하는 기본 규칙, 토킹 피스의 사용 등의 서클의 구성 요소들은 모두 참여자들이 이야기를 나눌 때 상처받는 것을 두려워하지 않는 공간을 만드는 데 일조한다. 타인에게 자신의 나약함을 드러내고 나면 그들 사이에 신뢰가 형성되기 시작한다. 사람들이 서로 연결되어 있음을 느끼는지, 서로 얼마나 신뢰하는지는 특정 문제에 대한 논의와 그 문제를 해결하기 위한 계획을 수립하는 일에 직접 영향을 미친다.

서로 신뢰하지도 않고 관계도 없다고 여기는 정도라면 문제에 대한 논의는 피상적인 수준에 그치는 경우가 허다하다. 사람들은 보통의 소개를 넘어 서로 알아감으로써 형성되는 공감대가 없다면 자신들의 내면 깊숙한 곳에 있는 진실을 말하는 것을 안전하게 여기지 않는다.

어려운 문제에 대해 진실을 말하는 것은 굉장한 두려움을 갖게 만든다. 신뢰와 유대감이 없다면 사람들은 공동의 작업에 기여할 수 있는 자신들의 선물을 얼른 내놓으려 하지 않는다. 피상적인 수준의 정보와 분석에 기반을 두고 수립된 계획은 효과적이지 못하다.

> 20세가량으로 보이는 마른 체격의 남자가 주로 중년의 교사들, 공동체 구성원, 형사 정책 전문가들이 모인 서클 프로세스 훈련을 위한 큰 서클 안에 긴장한 채 앉아 있다. 그 젊은이는 1년 가까이 지역 형사 정책 서클 모임에 참여해왔다.
>
> 그는 마약 중독으로 두 번 치료를 받은 적이 있고, 최근에는 소변 검사 결과 양성 판정이 나서 일자리를 잃었다. 그렇지만 그를 알고 있는 서클 참여자들은 그를 반갑게 맞이하며 안아주었다.
>
> 그날 서클의 마지막 단계에서 토킹 피스를 건네받고, 그는 방 안에 있는 교사들에게 고등학생 시절에 일으킨 말썽에 대해 직접적이고 분명하게 사과했다. 그는 그동안 토킹 피스를 향해 있던 눈을 떼고 사람들을 바라보면서 확신에 차서 말했다.
>
> "만일 서클이 없었다면, 서클의 그 모든 배려와 지지와 지혜가 없었다면 저는 죽었을 겁니다. 이곳에는 사랑과 지지가 가득합니다. 아주 멋져요. 나는 그것을 여기로 느낄 수 있어요."(그는 자신의 가슴을 가리킨다.) [12]

만일 계획대로 원하는 결과를 얻지 못했다면, 서클 참여자들은 다시 문제를 분석하는 것으로 돌아가 새로운 계획을 세운다. 만일 여전히 관계를 형성하고 신뢰를 쌓는 데 실패했다면, 그들은 여전히 깊은 진실에 이르지 못할 것이고, 분석과 계획은 또다시 원하는 결과를 얻는 데 실패할 것이다. 관계를 형성하는 데 시간이 걸리지만 결과적으로는 더 효과적이다. 왜냐하면 관계 형성을 통해 효과적이고 지속 가능한 해결책을 찾을 수 있기 때문이다.

서클은 다른 사람과 잘 연결되고자 하는 깊은 욕구를 관계를 형성하는 발판으로 사용한다. 그런 후에 사람들이 더 깊이 문제를 살피고, 어려운 문제나 갈등에 대해 더욱 근본적인 해결책을 찾는 것을 가능하게 한다.

서클의 단계

앞서 말했듯이, 평화형성서클을 진행하기 위해서는 의자를 둥글게 놓는 것 이상의 것이 필요하다. 서클은 여러 단계를 거쳐 갈등이나 해를 다루는데, 각 단계 모두 서클의 효과적 진행을 위해 중요하다. 대부분의 서클 프로세스는 적합성 판단, 준비, 서클 진행, 후속 조치라는 네 단계를 포함한다.

1단계: 적합성 판단

아래의 질문을 통해 각자가 처한 상황에서 서클이 과연 적절한 절차인지 판단할 수 있다.

- 주요 당사자들이 참여하고자 하는가?
- 훈련된 진행자가 있는가?
- 서클 진행에 필요한 시간이 주어졌는가?

- 물리적이고 감정적인 안전함이 유지될 수 있는가?

2단계: 준비

- 참여해야 할 사람 확인하기: 누가 영향을 받았는가? 누가 필요한 자원, 기술, 지식을 가지고 있는가? 통찰력을 제공할 비슷한 삶의 경험을 가진 사람이 누구인가?
- 주요 당사자들이 절차에 익숙해지게 하기
- 해결할 문제의 맥락을 살펴보기

3단계: 서클 진행

- 공유된 가치를 확인하고 기본 규칙 만들기
- 관계를 맺고 서로 연결하기 위해 이야기 나누기
- 우려와 기대에 대해 나누기
- 느낌 표현하기
- 갈등 또는 해harm의 근본 원인 살펴보기
- 해를 치유하고 갈등을 해결할 수 있는 방법에 대해 의견 나누기
- 실행 가능한 합의 영역 결정하기
- 합의문 만들기, 책임 분명히 하기

4단계: 후속 조치

- 합의 사항 진행 확인하기: 모든 당사자들이 자신의 의무를 다 이행했는가?
- 의무를 다 이행하지 못했을 경우에는 그 원인을 찾고 책임을 분명히 하기, 이런 상황이 계속될 경우에 다음 조치 결정하기
- 새로운 정보나 달라진 상황에 따라 필요할 경우 합의문 수정하기
- 성공 축하하기

3단계는 분명하게 서클로 진행되어야 한다. 다른 단계에서 서클을 활용할 수도 있다. 예를 들면, 형사 사건에 평화형성서클을 활용할 경우 실제 형벌을 결정할 서클에 앞선 단계에서 서클을 활용할 수 있다.

1단계: 면담 서클을 가해자에게 적용할 수 있다.

2단계: 준비 단계에서 다음 과정을 포함시킬 수 있다.

    1) 가해자를 위한 지원 시스템 만들기

    2) 피해자를 위한 지원 시스템 만들기

    3) 피해자를 위한 치유 서클

    4) 가해자 이해하기 서클

3단계: 형벌 결정은 서클을 통해 이루어진다.

4단계: 후속 조치 서클을 통해 적절한 시간 간격을 두고 결정 내용이 제대로 지켜지는지 확인할 수 있다.

7. 서클 사례
폭력 범죄로 인한 고통 치유하기[13]

　노스 미니애폴리스North Mineapolis에 있는 어느 집 거실에 모인 사람들이 서성거리며 웃음, 포옹, 인사를 나눈다. 현관에서 나누는 인사가 그날 저녁 그 집에서 무슨 일이 있었는지를 말해준다.

　"여전히 두렵습니까?" 지역 주민이 묻는다.

　"아니요, 이젠 두렵지 않을 거예요." 50대 남성이 대답한다.

　이것은 평화형성서클이 끝나고 나눈 대화이다. 이 서클에서 강도 피해자는 자기 집 뒷마당에서 총알이 장전된 총을 자신의 머리에 겨누었던 17세 남자아이와 마주했다. 서클에는 피해자의 가족, 친구, 아이의 가족, 수많은 지역 주민, 청소년 형사 정책 전문가를 포함하여 모두 20명이 참여했다. 피해자는 범죄로 인한 트라우마에 대해 설명하고 그것이 자신의 삶에 끼친 영향에 대해 말했다. 아이와 아이의 가족은 피해자를 걱정하며 사과했다. 지역 주민들은 두 가족 모두를 도우려 했고, 지역 주민들 간의 유대감을 더 긴밀히 하기 위해 모두 함께 노력하기를 바란다고 말했다.

모두 말할 기회를 가진 뒤에 피해자가 다시 한 번 말할 기회를 가졌다. 그는 맞은편 의자에 앉아 있는 아이를 보며 말했다.

"네가 청소년 교정 시설에서 나오면, 점심을 사주고 싶구나."

잠시 후, 휴식 시간에 아이가 자기 또래인 피해자의 아들에게 손을 내밀며 다가갔다. 피해자의 아들은 의자에서 일어나 그 아이를 안아주었다. 아이는 피해자와 그의 아내에게 다가갔고 그들 역시 아이를 안아주었다. 지난 6개월간의 트라우마는 지역 공동체로부터 받은 지지의 경험과 피해자와 그의 가족에게 가해진 고통에 대한 미안함과 후회하는 마음의 표현으로 전환되었다.

이 서클이 두 가족을 한자리에 모으기 전에, 별도의 서클이 피해자와 아이를 위해 각각 진행되었다. 피해자를 위한 이해 서클은 피해자가 '아무도 다치지 않았으니 별일 아니'라는 다른 사람들의 반응 때문에 얼마나 고통스러웠는지를 포함하여, 자신이 겪은 공포심과 그로 인한 영향을 충분히 표현할 기회를 제공했다.

서클에 참여하기 전, 두 가족 모두 고립감과 외로움을 느꼈다. 두 가족 모두 지역 공동체가 자신들에게 무슨 일이 있어났는지 신경 쓰지 않는다고 느꼈다. 두 가족 모두 그 사건과 직접적인 관련이 없는 지역 주민들이 도움과 지원의 뜻을 밝혔을 때 깜짝 놀랐다. 서클 프로세스는 고립감과 두려움을 깨뜨려주었다. 서클을 통해 참여자들은 이 사건이 주는 개인적인 의미를 뛰어넘어 공동체로서 그들의 미래에 대한 희망을 갖게 되었다.

　서클에서 나눈 대화는 그동안 자주 언급되지 않았던 중요한 견해를 드러내주었다. 아이의 아버지와 형은 총기 소지를 강력하게 비난했다. 아이의 형은 젊은 흑인 남자가 성장 과정에서 어떤 어려움을 겪는지를 호소력 있게 말했다. 이러한 견해를 말할 기회를 부여하고, 지역 공동체와 시스템에 대한 인식을 일깨워준 것은 서클 프로세스의 중요한 결과물이다.

8. 이야기 나눔 서클 기획하기

둥그렇게 둘러앉는 것은 서클 프로세스에 대해 배울 수 있는 좋은 방법이다. 만일 진행 중인 서클이 없다면 이야기 나눔 서클을 직접 시도해보는 것도 좋을 것이다. 갈등, 트라우마, 집단적 의사결정, 격한 감정의 상황일 경우에는 서클을 진행하기 전에 훈련을 받고 개인적인 치유 작업을 선행하는 것이 필요하다. 그러나 이야기 나눔 서클은 그러한 선행 작업 없이 진행할 수 있다.

이야기 나눔 서클의 목적은 참여자들의 합의를 이끌어내거나 심각한 갈등을 해결하는 것이 아니다. 이야기 나눔 서클은 단순히 특정한 주제에 대해 각자의 관점에서 이야기를 나눌 수 있게 할 뿐이다. 각자의 관점을 나누는 것은 모두가 그 주제에 대해 더 잘 이해할 수 있게 하고, 관계 개선을 도울 수도 있지만, 이야기 나눔 서클은 사람들의 관계 문제를 깊이 파고들지 않는다.

이야기 나눔 서클은 다음의 경우에 적용할 수 있다.

- 진행되고 있는 일에 대해 확인하기 수업, 동료, 시민 단체, 위원회, 자문 위원회, 프로젝트 팀

- 영화, 비디오, 연설, 책에 대한 소감 나누기
- 그룹 리더 또는 진행자에게 의견 말하기
- 의사 결정권자에게 의견 말하기
- 공동체 회의 또는 인종 차별과 같은 사회 문제에 대한 대화 나누기
- 어떤 경험이나 사건에 대한 다양한 의미 나누기
- 세대 간에 다양한 의견 나누기
- 동성 간 결혼 또는 낙태 같은 주제에 대한 다양한 의견 나누기

아래에서는 공동체의 관심사에 대한 이야기 나눔 서클을 어떻게 시작할 수 있는지를 구체적으로 설명하고자 한다. 공동체는 일터, 학교, 교회 또는 지역 사회일 수 있다.

먼저 서클의 주제를 정한다. 주제는 이야기 나눔 서클을 준비하는 사람의 주된 관심 대상이어야 한다. 이야기 나눔 서클의 목적을 간단한 문장으로 정리한다. 그 다음 네 단계에 따라 진행한다.

1단계: 적합성 판단

다음 질문에 대답해봄으로써 이야기 나눔 서클의 목적에 부합하는지 평가한다.

- 사람들이 이야기 나눔 서클에 참여하려고 하는가? 그 주제에

사람들이 관심을 갖는가? 만일 그렇지 않다면, 서클은 적절하지 않다.
- 진행자인 나는 특정 입장을 옹호하거나 다른 사람의 견해를 바꾸려고 하는가? 만일 그렇다면, 서클은 적절하지 않다.
- 나는 나와 아주 다른 견해에 귀 기울이고 존중할 준비가 되어 있는가? 만일 그렇지 않다면, 서클은 적절하지 않다.
- 서클의 목적이 참여 가능성이 있는 모든 이들을 존중하는가? 만일 그렇지 않다면, 서클은 적절하지 않다.

2단계: 준비

서클이 자신이 관심을 가지고 있는 대화에 적절하다고 판단했다면 준비를 시작한다.
- 참여자를 확인하고 다양한 견해를 가진 사람들을 서클에 포함시킨다. 이미 참여자들이 주제에 대해 같은 견해를 갖고 있다면 서클의 효용은 줄어든다. 참여자들은 같은 집단의 성원일 수 있다.
- 서클 진행자를 정한다. 만일 자신이 서클 진행자가 되기로 했다면 서클을 서로 존중하는 안전한 대화의 장으로 함께 이끌어갈 사람을 선택한다.
- 시간과 장소를 정한다. 따뜻함, 친절, 수용의 중요성을 마음

에 새긴다. 충분한 수의 의자를 둥글게 놓을 수 있는 넓은 공간을 선택하고, 가운데는 비워 놓는다.

- 참여 가능성이 있는 사람들에게 주제, 서클의 목적, 절차의 특성을 설명하는 초대장을 보낸다.
- 참여자들에게 의미 있고, 서로 존중하며 말하고 듣는 것을 격려할 수 있는 토킹 피스를 선택한다.
- 분위기를 정돈하기 위해 여는 의식을 기획한다. 예를 들어 읽기, 심호흡, 음악 등 여는 의식과 가운데 장식물을 준비할 때에는 참여자들에게 오해 또는 소외감을 유발할 여지가 있는 것을 피한다.
- 가운데 장식물을 둘 것인지 결정한다. 예를 들어 촛불이나 꽃, 구성원이나 주제와 관련하여 의미가 있는 물건을 선택할 수 있다.
- 서클에서 음식을 제공할지 결정하고 필요한 준비를 한다. 시작하거나 마칠 때 음식을 먹을 수 있다.
- 참여자들이 서로 인사를 나누고 주제에 대해 대화를 나눌 수 있게끔 도와줄 질문 초안을 준비한다.
- 자신의 의도를 확인하고 집중할 시간을 갖는다. 열린 마음으로 다른 사람을 받아들이는 것의 중요성을 되새긴다.

3단계: 서클 진행

준비를 마쳤다면 일찍 서클 장소에 도착한다. 준비가 제대로 되었는지 확인하고 가운데 장식물을 놓아둔다. 잠시 심호흡을 하고 마음을 집중한다. 다음의 단계에 따라 서클을 진행한다.

- 참여자들을 맞이한다.
- 모두 도착하고 시작할 시간이 되었다면 모두 자리에 앉도록 한다.
- 모두를 환영하고 그들의 참여에 고마움을 표한다.
- 여는 의식을 진행한다.
- 토킹 피스의 목적과 의도를 설명한다.
- 토킹 피스를 소개하고 그 기능을 설명한다. 토킹 피스는 서클을 따라 차례로 참여자들에게 전달되며 모두 말할 기회를 갖는다고 설명한다. 토킹 피스를 들고 있는 사람만이 말할 기회를 가진다. 단, 진행자는 서클 운영에 필요한 경우에는 토킹 피스 없이 말할 수 있다. 토킹 피스를 건네받은 사람은 말하지 않고 옆 사람에게 넘기거나 잠시 침묵할 수도 있음을 강조한다.
- 기본 규칙을 만든다. 서클은 모든 사람이 자신의 진실을 말할 수 있는 공간임을 설명한다. 서클을 따라 차례로 토킹 피스를 건네면서 참여자들에게 자신의 진실을 말할 수 있기 위해 다

른 참여자들이 어떤 약속을 해주길 바라는지 묻는다.

제안된 기본 규칙을 종이에 적는다. 토킹 피스가 한 바퀴 돌면 제안된 기본 규칙의 목록을 읽는다. 참여자들에게 그 목록을 서클 프로세스의 기본 규칙으로 삼을 것인지 묻는다. 다시 한 번 토킹 피스를 돌려 각자의 의견을 묻는다. 만일 합의가 이루어지지 않는다면, 모두가 수용할 수 있는 수정안을 만든다.

- 시간이 정해져 있다면 이에 대해 참여자들에게 말하고 모두가 말할 기회를 적절히 가질 수 있도록 다 같이 시간을 고려해달라고 부탁한다.
- 참여자들이 이미 서로를 알고 있더라도 토킹 피스를 사용하여 먼저 자기소개를 함으로써 서클을 시작한다. 질문을 던져 자기소개에 덧붙여 질문에 대한 답을 하도록 한다. 이 질문은 이슈에 대한 논의를 시작하기 전에 참여자들이 서로를 더 잘 이해할 수 있도록 돕는 것을 목적으로 한다.

참여자들이 진행자와 어떤 관계를 맺고 있는지, 삶의 어떤 경험이 해당 이슈에 관심을 갖게 만들었는지, 다루기 힘든 주제나 상반되는 견해에 대해 대화를 나눈 경험이 있는지 등을 물어본다. 이러한 질문의 목적은, 참여자들이 어떤 주제에 대해 아주 다른 의견을 가지고 있다고 하더라도 서로가 가진 공통점을 볼 수 있도록 하는 데 있다. 첫 바퀴에는 진행자가 먼저 말을 하여 모델을 보여준다.

- 이슈에 대한 생각이나 느낌을 공유할 수 있게끔 이끌어주는 질문을 통해 선택된 이슈에 대한 대화를 시작한다. 질문을 던지고 토킹 피스를 건넨다. 이 바퀴에는 보통 진행자가 맨 마지막에 얘기하는 것이 좋다.
- 한 번 더 토킹 피스를 돌려 이전 바퀴에서 들은 것에 대한 소감을 나누도록 한다.
- 토킹 피스를 더 돌릴 시간 여유가 있다면 이전 바퀴에서 나온 주된 이야기를 더 진행시킨다.
- 만일 참여자들이 토킹 피스 없이 말을 하거나 존중하는 태도를 보이지 않는다면, 이슈에 대한 이야기를 잠시 멈추고 기본 규칙을 재확인한 뒤, 기본 규칙을 계속 지킬 의사가 있는지 아니면 수정을 원하는지 물어본다.
- 서클 마무리 15분 전에 다시 토킹 피스를 돌리면서 참여자들에게 서클에 대한 소감을 묻고 마지막으로 더 하고 싶은 말이 있는지 묻는다.
- 진행자로서 자신의 경험, 본래의 목적, 서클을 통해 배운 점을 짧게 말하고, 의미 있고 서로 존중하는 공간을 만든 것에 대해 모두에게 존경의 말과 감사를 전한다.

- 서클 프로세스의 끝을 알리는 닫는 의식을 진행한다. 참여자들이 상호 연결되어 있음을 상기시키고 긍정적인 가능성을 강조한다. 예: 읽기, 음악, 침묵 등

4단계: 후속 조치

후속 조치는 많은 서클 유형에 매우 중요하지만, 일반적으로 이야기 나눔 서클은 참여자들이 대화를 지속하기로 결정했거나 이후 단계를 진행하기로 한 경우가 아니라면 후속 조치를 요하지 않는다. 진행자로서 당신은 참여자에게 효과적인 것과 그렇지 못한 것에 대한 소감을 듣고 싶을 것이다. 진행자로서 자신의 역할에 대한 스스로의 평가와 공동 진행자 또는 참여자들의 평가 작업은 항상 중요하다.

위에서 설명한 단계는 일반적인 안내로 제시한 것이다. 서클이 엄격한 틀을 갖추고 있는 것은 아니지만, 여는 의식과 닫는 의식, 토킹 피스의 활용, 기본 규칙 만들기와 같은 특정 요소들은 반드시 필요하다. 다른 유형의 이야기 나눔 서클도 같은 단계를 적용하지만 약간씩 변형할 수도 있다. 예를 들어, 참여하기 check in 서클이나 공유된 경험에 대한 반응 나누기 서클의 준비 단계는 학교 같은 곳에서는 더 간단하다. 왜냐하면 일반적으로 주제, 참여자, 공간과 장소가 이미 정해져 있기 때문이다.

9. 서클 사례: 세대 간 존중하기[14]

밀워키Milwaukee의 이웃해 있는 두 단체가 회복적 사법에 관심을 갖고 밀워키 지역에서 회복적 사법을 실천하고 있는 지방 검사 데이비드와 대화를 나누었다. 그들은 서클에 대한 짧은 소개 시간을 갖고 지속적으로 대화 모임을 가지면서 많은 어른들과 청소년들이 경험하는 고립감을 해소하기 위해 회복적 사법 접근법을 활용할 수 있는 방법을 찾았다. 고립감은 특히 노인들에게 두려움과 불신, 삶의 의미 상실을 불러일으켰다.

바버라Barbara와 진Jeanne은 노인들과 청소년들이 함께 참여하는 이야기 나눔 서클을 진행하기로 했다. 이를 통해 그들은 노인과 청소년의 고립과 개인의 안전에 대한 이슈를 논의하기 위해 평화형성서클을 활용하는 것에 대한 관심도를 확인하고자 했다. 그들은 평화형성서클 훈련 프로그램에 시간과 노력을 들일 만큼 충분한 관심이 있는지 확인하고 싶었다.

준비 과정에서 그들은 서클에 초대할 노인 명단을 만들었다. 그들은 청소년들과 더 나은 관계를 맺고 싶어 하는 마음과 동시에 두려움을 표현했던 노인들을 선택했다. 그리고 그 지역의 청소년 클럽과 협력하여 서클에 초대할 청소년 그룹의 리더들을 확인했다.

그들은 22명의 노인과 10명의 청소년에게 초대장을 보냈다. 밀워키의 인구 구성은 몇 년 동안 급격하게 변했다. 노년층은 대부분 백인이었고 청소년은 아프리카계 미국인, 히스패닉계와 백인이 섞여 있었다. 그들은 검사 데이비드에게 서클 진행을 부탁했는데, 그 이유는 그가 진행 경험이 풍부했기 때문이었다. 그들은 시간오후 3시 반에서 5시과 장소소년 소녀 클럽 회의실를 정하고 음식을 준비했다. 그들은 초대장을 만들어 보내고 개회식도 준비했는데, 사순절 가면 만들기도 여기에 포함되어 있었다.

준비 단계에서 진행자 데이비드는 가운데 장식물과 토킹 피스를 결정했다. 바버라, 진과 함께 데이비드는 서클에서 사용할 질문 초안을 작성했다.

서클 당일 바버라와 진은 일찍 도착해 음식을 차리고 가면 만들기 재료를 준비했다. 데이비드는 의자를 배열하고 서로 얽혀 있는 모양의 나무 조각 작품을 가운데 장식물로 놓았다. 그는 잠시 고요한 시간을 갖고 자신에 집중하고 심호흡을 했다.

참여자들이 도착하자 진행자들은 이들을 반갑게 맞이하고 사순절 가면을 만들도록 했다. 초대받은 이들 중 노인 12명, 청소년

10명이 서클에 참여했다. 참여자들이 의자에 앉자, 바버라와 진은 사순절 가면과 그 의미에 대해 말하면서 서클을 시작했다. 데이비드는 구슬로 장식한 깃털을 토킹 피스로 소개하고, 그 깃털이 서클 훈련 프로그램에 참여한 후 동료가 선물한 의미 있는 물건임을 설명했다. 또한 데이비드는 토킹 피스가 어떻게 사용되는지 설명하고, 서로 존중하며 말하고 듣는 것의 중요성을 강조했다.

토킹 피스를 사용하여 데이비드는 참여자들에게 자신의 이름과 얼마나 오래 이 지역에서 살았는지, 몇 년 동안 소년 소녀 클럽 활동을 해왔는지 이야기를 나누도록 했다. 어떤 참여자는 자신이 같은 집에서 65년 동안 살고 있다고 말했다. 그 할머니는 오랫동안 자신의 삶에 대해 말했다. 두 번째 바퀴에서 데이비드는 참여자들에게 이 지역에 살면서 자랑스럽게 생각하는 것이 무엇인지, 또는 소년 소녀 클럽에 대해 자랑스럽게 생각하는 것이 무엇인지 이야기해달라고 했다.

마지막 세 번째 바퀴에서 참여자들은 그날 느낀 것이 무엇인지 말할 기회를 가졌다. 한 청소년이 말했다.

"저는 어른들도 진짜 멋질 수 있다는 것을 배웠어요."

한 노인은 나이, 인종과 상관없이 다른 사람의 말에 귀 기울여 들을 수 있다는 것을 배웠다고 말했다.

닫는 의식에서 참여자들은 일어서서 '펭귄 박수'를 쳤다. 즉, 팔을 몸 옆에 살짝 붙이고 손을 옆 사람과 겹치게 해서 박수를 치는 것이다. 펭귄 박수는 부담 없이 서로가 연결되어 있음을 느낄 수 있게 해주었고 무엇보다 분위기를 밝게 만들어주었다.

서클이 끝나고 그다지 집중하지 않는 듯 보였던 두 소녀가 갑자기 노인들에게 다가가서 이야기를 나누기 시작했다. 소녀들은 서클에 참여하고 싶다고도 말했다. 노인들을 집까지 배웅했던 운전기사는 노인들이 아주 즐거워 보였고 서클에 참여한 것을 무척 기쁘게 생각했다고 전해주었다. 서클 참여자들은 노인과 청소년들이 함께 참여할 수 있는 더 많은 활동을 하기로 했다.

10. 더 생각할 문제

"서클은 기존의 문화와 아주 달라요. 그동안 우리는 신속한 해결을 원했거든요. 우리는 공동체에 목말라 있습니다. 가서 뭔가를 말하고 사람들이 내 말을 들을 것임을 믿을 수 있다니 멋져요. 서클은 사람들을 단순히 우리 편과 상대편으로 나누지 않고 다른 길을 제시해주었어요."

— 지역 서클 참여자

공동체 형성에 미치는 영향

이야기하기는 공동체를 만들고, 관계를 맺고, 공동의 행동을 취하는 데 아주 중요한 역할을 한다. 양자물리학은 물체가 다른 것과 맺는 관계가 핵심이라는 것을 말해준다.

직물 짜기는 공동체 형성에 관한 유용한 은유이다. 관계는 공동체라는 직물의 씨실·날실과 같고, 문화와 공동체가 공유하는 가치는 뼈대인 베틀을 이룬다.

물레가 실을 잣는 도구인 것처럼, 이야기하기는 관계를 만드는 도구이다. 북이 왔다 갔다 하면서 천을 짜듯이 관계는 공동체를 형성한다.

서클의 가장 중요한 기능 중 하나는 집단 구성원 간 관계의 그물망을 강화하는 것이다. 교실, 이웃, 일터, 가족 또는 종교 단체에서 서클을 진행할 수 있다. 사람들이 함께 앉아서 가치에 대해 이야기하고, 개인적인 이야기를 나누며, 서로 존중하고 보호하는 분위기에서 의견 불일치를 다루는 동안 참여자들 사이에 끈끈한 관계의 그물망이 만들어진다. 이렇게 형성된 관계는 공동체가 모든 구성원을 보살피고 문제가 생겼을 때 해법을 찾을 수 있는 능력을 강화시킨다.

서클은 공동체 구성원들끼리 서로에게 무엇을 기대하는지, 어떤 행동 규칙을 약속하고 싶은지 이야기 나눌 기회를 제공한다. 서클에서 그들은 공동의 가치와 자신들의 선택이 다른 사람에게 미치는 영향에 대한 이해를 바탕으로 행동 규칙을 만들 수 있다.

서클이 다른 유사한 활동과 다른 점

평화형성서클과 주요 특징을 공유하는 다양한 활동들이 있다. 이러한 유사성 때문에 어떤 사람들은 이 활동들과 서클이 같을 것이라고 추측한다. 그러나 서클은 이 활동들과는 다른 중요한 차이점을 지니며, 이 차이점은 관계와 결과에 영향을 미친다.

서클과 모임

청소년 교정 시설 직원이 평화형성서클에 대해 배우고 나서 그들이 아이들과 하고 있는 모임이 서클과 똑같다고 말했다.

> 건물 주변의 분위기가 달라진 것을 보고 한 여성이 물었다.
> "여기서 무슨 일을 하신 거죠? 항상 많은 아이들이 주변을 서성거리며 시끄럽게 떠들었고, 내가 짐을 들고 있을 때도 누군가 문을 열어준 적이 없어요. 그런데 지금은 조용해졌고 아이들이 달려와서 문을 열어주네요."
> 이 여성이 말하고 있는 상대는 그 지역에서 아이들과 몇 차례 서클을 진행한 적이 있었다. 서클은 지역의 분위기를 확실히 변화시켰다. 15)

그 시설에 있는 청소년과 함께한 다음번 교육에서 아이들에게 서클이 그들의 모임과 똑같은지 물었다. 아이들은 단호하게 '아니요'라고 대답했다. 아이들은 그 주된 차이점으로 힘의 균형을 들었다.

그들의 모임에서 진행자는 아이들의 행동과 참여도를 평가한다. 진행자는 아이들이 말해야 하는 것과 말하지 말아야 할 것에 대한 특정한 기대를 갖고 있다. 이런 상황에서 아이들은 자신들의 솔직한 마음을 이야기하면 안 된다고 느낀다. 만일 모임의 어떤 사람이 다른 사람에 비해 영향력을 더 많이 가지고 전체 합의 없이 평가 절차를 좌우한다면, 그것은 평화형성서클이 아니다. 아이들은 모임에서 자신들이 모두 동등한 것은 아니라는 사실을 아주 잘 알고 있었다. 동등함은 서클의 없어서는 안 될 조건이다.

서클과 치료법

평화형성서클에서 의학적 전문 지식은 이슈를 이해하거나 통찰력을 얻기 위한 주된 요건이 아니다. 자신들의 사사로운 경험을 바탕으로 한 참여자들의 이야기와 자기 성찰이 통찰력의 주된 원천이다.

대부분의 치료법과는 달리 서클의 진행자는 참여자 중 한 사람이고, 서클의 대화와 관련된 자기 삶의 경험을 나눌 수 있다. 치료사는 서클의 참여자일 수 있고 정보의 일환으로 자신의 의학적 전문 지식을 나눌 수 있지만, 일반적인 치료 과정에서와는 달리 서클의 모든 역동성을 관리해야 할 책임을 지지 않는다. 서클 진행자는 서클에서 일어나는 일을 감독하거나 관리하지 않는다. 서클 참여자들은 자신의 행동에 대해서뿐만 아니라 서클 공간 전체의 질에 대한 책임을 공유한다.

서클과 학급 회의

특히 초등학교와 중학교 학급 운영에 관한 많은 책들은 학급 회의를 권장한다. 학급 회의는 학생들이 칭찬 주고받기, 듣기, 공감하기, 문제 해결하기, 갈등 해결하기, 화 다스리기, 정체성 형성하기, 감정 표현하기와 같은 사회적 기술들을 배우고 훈련하는 시간이다.

흔히 학생들은 둥글게 앉은 상태에서 놀이나 다양한 활동들을 하면서 이러한 기술들을 익힌다. 그러나 여기에는 서클의 핵심 요소, 즉 바로 토킹 피스가 빠져 있다. 서클에서는 토킹 피스를 들고 있는 사람이 발언, 침묵, 전달할 권한을 가지며, 토킹 피스가 차례대로 한 바퀴 돌아서 전달되리라는 분명한 기대가 있다.

도전

서클은 간단한 개념에 기초를 두고 있다. 우리는 모두 다른 사람과 좋은 관계를 맺고 싶어 하기 때문에 만일 우리가 서로를 존중하고 의견을 나눌 수 있는 공간을 만들면 사람들은 여기서 고통, 두려움을 넘어 공통점을 찾고 서로를 보살피는 방법을 찾을 수 있을 것이다. 이렇게 개념은 간단해 보여도 실천하기란 쉽지 않다.

우리의 문화는 의견이 다른 사람들을 나쁘게 생각하고, 다양한 방법으로 분리, 경쟁, 계급 구조를 부추기며, 문제 해결을 전문가에게 의존하게 만드는 경향이 있다. 이로 인해 우리의 총체적인 삶은 서클과는 정반대의 방향으로 흘러간다.

서클은 공동체적 삶에서 개인의 헌신과 그런 삶에 대한 의미라는 아주 어려운 질문을 제기한다. 공적 절차에서 영성은 무엇을 의미하는가? 우리는 다른 사람의 영적 표현을 어떻게 존중할 수 있는가? 다양한 문화에서 어떤 상징이 의미 있는가? 우리는 어떻게 상징의 의미를 생동감 있게 유지할 수 있는가? 전체에 대한 개인의 책임은 무엇인가? 인간 본성에 대한 우리의 기본 기대는 무엇인가? '마음에서 우러나오는 말'은 무엇을 요구하는가? 우리가 상처 입었을 때도 우리 마음은 여전히 열려 있을 수 있는가? 우리는 이러한 가치를 실천할 수 있는가?

다양한 서클에서 공통으로 발견되는 어려움이 있다. 조언을 하거나 답을 제시하는 것에서 개인적인 이야기를 나누고 이미 대답을 갖고 있지 않은 순수한 질문을 던지는 쪽으로 전환하기란 매우 어렵다. 대부분의 서클은 우리 모두가 전체와 나눌 수 없는 일부라는 것을 인식시키기 위해 노력한다.

많은 서클은 일반 참여자들과 서클에 참여한 전문가의 관계 문제로도 곤란을 겪는다. 전문가의 새로운 역할은 분명하지 않다. 우리는 그들에게 직위title는 문 밖에 내려두라고 말하지만 실제로는 그렇게 간단치 않다. 전문가들은 서클에 유용한 정보를 가지고 있고, 일단 서클에 참여하면 도중에 그만두지 말아야 할 책임을 진다.

서클 프로세스와 사회 제도의 접점은 매우 민감한 부분이다. 서클은 진실을 찾고자 하며 참여자들이 진실을 말해도 안전하다고 느낄 수 있는 공간을 만들려고 한다. 참여자들은 자신들의 행동에 책임을 져야 하지만 그로 인해 존중받지 못하거나 부당한 피해를 입어서는 안 된다. 만일 서클에서 공개된 정보가 대립적 사법 절차adversarial process에서 활용된다면, 이는 모든 사람의 존엄성을 인정하고 모든 목소리를 존중한다는 서클의 약속을 배반하는 결과가 될 것이다.

의무적인 보고는 서클에서 공개된 정보의 비밀이 유지되어야 하기 때문이 아니라 실수를 범한 사람일지라도 해당 정보에 한해서는 존중받는 처우를 약속하는 분위기에서 공개되어야 하기 때문에 딜레마를 낳는다. 서클은 정보가 대립적 사법 제도adversarial system에서 공개되었을 때 사려 깊고 해를 끼치지 않는 방식으로 그 정보를 다룰 것을 보장하지 못한다.

비밀 보장 문제는 실제로 매우 어려운 문제이다. 문제를 해결하기 위해서는 반드시 진실이 밝혀져야 한다. 그러나 진실을 말해도 아무도 해를 입지 않으리라는 점을 분명히 보장해야 한다.

서클에서는 합의를 통해 결정을 내리기 때문에 반대하는 사람이 부담을 느낄 수 있다. 다른 사람들이 아무 말 하지 않더라도 부담을 느낄 수 있다. 살면서 힘을 가져보거나 목소리를 내본 적이 없는 사람은 자신의 동의 여부와 상관없이 다른 사람들의 의견에 따르는 것이 낫다고 생각할지도 모른다. 모든 참여자들이 합의에 이르지 못해 진행이 느려진다고 할지라도 그들의 진실과 견해가 항상 환영받을 것이라는 믿음을 심어주려면 많은 시간과 노력이 필요하다.

서클 옹호자들로서는, 서클에 방해가 되거나 서클의 비전에 반대하는 사람들을 비판하지 않기란 매우 힘든 일이다. 설령 누군가가 다른 사람의 타고난 존엄성을 존중하지 않고 서클의 가치를 부정한다고 해도, 서클은 우리 모두에게 마음을 열고 타고난 존엄성을 존중할 것을 요구한다. 서클의 비전은 넘치는 열정이 가끔 다른 의견을 주의 깊게 듣는 능력을 둔화시킨다는 것을 깨닫게 한다.

서클이 가슴과 영혼의 말에 충분히 영향을 미치지 못했다고 할지라도 강력한 힘을 발휘한다. 몇 주 동안 첨예한 법정 소송 서클을 경험한 뒤, 판사가 말했다.

"잘못도 있었어요. 완벽하지는 않았습니다. 그러나 여기 앉아서 생각해보니 법정의 어떤 사건보다도 잘 처리되었습니다."

11. 서클 사례: 가족 간 유대감 형성하기[16]

　이번 휴가 때 내 조카들은 기특하게도 선물을 주고받는 대신 선물 살 돈을 기부하기로 했다. 아이들은 여성과 아이들을 위한 단체에 100달러가 넘는 돈을 기부했다. 조카들은 이번 가족 모임에서 선물을 기대하지 않았다. 다 함께 모인다는 것이 의미 있었다.

　우리는 평소처럼 새해 전날 다 같이 모여 축하했다. 우리 6남매 4남 2녀에 자녀들까지 모두 22명이 모였다. 아이들의 할머니, 즉 내 어머니께 새 키보드를 선물하고 나서 다들 선물을 주고받았다. 사탕도 있었고 바구니와 책도 있었다. 목수가 남자 아이들에게 줄자를 선물했다. 나는 우리가 선물을 주고받지 않는 데 동의했다고 생각해서 이를 지켰지만 줄 선물이 없는 이들을 바라보면서 그들에게 내 선물을 주기로 했다.

　어머니가 새 키보드로 연주를 한 뒤 나는 내 선물을 줄 수 있게 자리에 앉아달라고 부탁했다. 우리는 이미 둥글게 앉아 있었으므로 공간 준비는 끝났다. 나는 무스 호수Moose Lake에 있는 미네소타 주 교정 시설 직원이 갈등 해결을 위해 소통을 강화하고, 관계를 형성하고, 문화를 바꾸기 위해 어떤 노력을 해왔는지에 대해 가족들에게 말해주었다.

나는 서클과 서클의 목적을 설명하고 '소통의 선물'을 그들과 나눠도 되겠는지 허락을 구했다. 다소 소극적으로 가족들이 동의했다. 나는 내가 방금 받은 바구니를 토킹 피스로 정하고 다음에 바구니를 볼 때 이번 휴가 때 서클에서 우리가 나눈 모든 것에 대해 떠올리게 될 것이라고 말했다.

나는 가족들에게 "지난해 인상 깊었던 일은 무엇인가?" "내년에 기대하는 것은 무엇인가?"를 물었다. 대답의 솔직함과 깊이에 나조차 놀랐다. 가족의 죽음, 대학 생활의 외로움, 장학금 수여의 기쁨, 실직의 상실감, 이라크 전쟁 참전, 승진의 기쁨 그리고 많은 추억들을 나누었다. 내년에 대한 기대에는 가족들과 함께 시간 보내기, 휴가, 사촌들과 시간 보내기, 사랑하는 이의 전역 등이 포함되었다.

토킹 피스가 세 바퀴를 돈 뒤 나는 마지못해 서클을 마무리했지만 저녁 내내 서클에서 나눈 이야기가 이어졌다. 가족들은 눈물을 보이며 내 '선물'에 고마워했고 서클 프로세스를 다시 하고 싶다고 말했다.

좋고 나쁜 일을 막론하고 계속 소통하는 것은 우리가 무슨 일을 하든지 상관없이 중요하다. 특히 가족에게 매우 중요하다.

12. 맺음말

"서클은 어려움을 가져가고 아름다움을 가져온다."

— 서클 참여자

나는 서클에 대한 나의 이해를 바탕으로 이 책을 썼다. 많은 훌륭한 멘토의 가르침을 받았지만 어떤 시각은 제한적일 수밖에 없는데, 이는 서클의 한 지점에서 바라본 관점에 불과하기 때문이다. 나는 내 진실만을 알고 있을 뿐이다. 나는 다른 이들의 진실은 알지 못한다.

나는 내 인생에 서클을 알려준 스승들에게 깊이 감사한다. 그리고 나와 함께 서클에서 개인적인 어려움에 대한 깊이 있는 이야기를 나눠준 수백, 수천의 사람들에게 깊이 감사한다. 서클에서 다른 사람들의 이야기와 나의 이야기 나눔을 통해서 나는 나 자신에 대해 더 많이 알게 되었고 공동체 안에서 내 자리를 찾을 수 있었다. 서클의 위대한 역설 덕분에 나는 내 자리를 찾는 동시에 내 자리의 한계를 인식하는 더 큰 겸손을 발견할 수 있었다.

평화형성서클은 사람들이 모여 어려운 문제에 대한 대화를 나누고 갈등이나 차이를 풀어나가는 방법을 제시한다. 서클은 사람들이 자신과 다른 사람, 그리고 당면한 이슈에 대해 가장 완전한 그림을 더 훌륭하게 그릴 수 있도록 일조한다. 서클은 우리가 어떤 상황에 처해 있든 항상 긍정적인 무엇을 만들어낼 수 있다는 믿음에서 시작한다. 또한 서클은 누구도 혼자서는 전체 그림을 그릴 수 없고 모두의 관점을 나눔으로써만 비로소 완전한 그림을 그려 나갈 수 있다고 믿는다. 각자의 관점과 지혜를 나눔으로써 우리는 부분의 합보다 더 큰 공동의 지혜를 얻을 수 있다.

나는 서클이 고대 사회의 집단적 지혜와 개인에 대한 존중, 반대 의견과 차이의 가치라는 근대 사회의 지혜를 결합하는 통로라고 믿는다. 서클에서 우리는 개인을 존중하고 동시에 전체를 존중한다. 서클에서 우리는 자신의 깊은 내면에 닿고 동시에 서클 공동체와 연결된다.

근대 서구 사회는 상호 연계성에 대한 인식의 실패와 연결성에 대한 결여로 인해 곤란을 겪고 있다. 반면 많은 공동체적 사회들은 서로 다른 의견이 공존할 공간을 만드는 데 어려움을 겪고 있다. 우리가 살고 있는 복잡한 다문화 사회에는 이와 같은 두 가지 세계관이 나란히 공존하고 있고, 또 서로에게서 직접 배울 기회가 남아 있다. 서클은 그런 배움을 위한 중요한 장이다. 서클에서 우리는 개인과 집단 간의 건강한 균형을 찾을 수 있다.

또한 나는 서클이 과거의 고통을 치유하는 길이라고 믿는다. 수치심을 느끼는 일과 사랑 또는 존경을 잃을 것에 대한 두려움은 우리가 야기한 고통을 직면하는 것을 막는 엄청난 장애물이다. 사회 전체 또는 집단의 구성원들이 고통을 인식해야 할 필요가 있을 때 그것은 더욱 어려운 일이다. 서클에서 우리는 우리의 실수를 인정하면서 우리 자신과 다른 사람에 대해 연민을 느낀다. 우리는 서클에서 결코 혼자가 아니다. 이와 같은 타인에 대한 연민과 상호 연결을 느끼는 것은 우리가 다른 이들에게 영향을 준 고통스러운 현실에 직면할 수 있는 환경을 조성한다. 바로 이러한 인정에서부터 우리 자신과 고통을 당한 사람들을 위한 치유 과정이 시작된다.

우리는 이제 막 우리 삶의 의미와 내용을 바꿀 수 있는 서클 프로세스 길 위에 발을 딛기 시작했다. 우리의 유일한 한계는 우리의 상상력과 모든 생명을 존중하고 서로 연결되어 있음을 받아들이려는 우리의 의지, 그리고 서클을 멋대로 관리하거나 조절하려 하지 않고 자연스럽게 발현될 수 있게 하는 우리의 능력뿐이다.

서클에 대한 나의 이해는 계속 발전하고 있다. 나는 서클에 대한 내 생각을 절대적인 것이 아닌, 계속되는 대화와 배움의 여정의 일부로서 나누고 싶다. 나는 사람들 간의 연결됨과 성찰에 필요한 인간의 역량 탐구를 위해 다른 이들이 보여주는 관심과 재능에 감사한다.

서로 같음

지금은
실천이 앎에서 쪼개져 나올 때입니다.
그것은 무척 어렵지요.

그러나 수평선 너머
여기저기서
사람들이 신성한 서클에서 만나
공동체를 이루고
서로 같음을 찾는
심장의 말을 하고 있습니다.

— 메이어 카라소 Meir Carasso

부록

학교에서 서클 프로세스 활용하기

신시아 즈위키 교육학 석사, 미니애폴리스 공립학교

서클 프로세스는 본래 학교에 적합한 절차이다. 서클 프로세스는 미니애폴리스 공립학교에서 다양한 형태로 활용되고 있다.

갈등 해결을 위한 서클

학교는 가르침과 배움이 자연스럽게 이루어지는 공간이다. 이와 같은 학습은 보통 계획된 수업과 교사의 가르침을 통해 이루어지지만, 또래 친구들 사이에서 학습이 일어나기도 한다. 또한 학교는 일상적으로 갈등이 발생하는 공간이기도 하다. 그러므로 학교야말로 갈등 해결에 대한 교육과 학습이 이루어질 수 있는 최적의 조건을 갖추고 있는 곳이고, 이 때문에 서클 프로세스가 학습을 위한 필수적인 도구가 된 것이다.

3학년 학급 교사가 서클 프로세스를 다양한 목적으로 활용해왔다. 이 학급의 여학생 몇 명은 교칙을 따르지 못하고 문제를 일으

키곤 했는데, 서클 프로세스에 익숙해진 뒤 학교를 쉬는 동안 날마다 서클을 하기로 스스로 결정했다. 이 서클의 목적은 서로 바른 길로 나아가도록 지원하는 것이었다. 아이들은 스스로 목표를 세우고 서클을 정기적인 평가 기회로 활용했다.

서클은 의도적으로 기획된, 참여적이고 평등한 활동 과정이다. 이 때문에 서클은 참여한 누구나 문제 해결 방안을 찾는 것을 도울 수 있게 만든다. 일례로 6~9세 아이들이 섞여 있는 학급을 보자. 운동장에서 한 남자 아이가 같은 반 여자 아이를 넘어뜨리고 위에 올라앉았다. 여자 아이는 벌벌 떨었고 운동장에 있던 다른 아이들이 뛰어와 여자 아이를 위로했다.

그날 오후 교실에서 서클이 진행되었을 때 여자 아이는 자신이 겁먹었을 때 친구들이 와서 도와주었다고 말했다. 궁금해진 다른 아이가 그 아이에게 왜 겁을 먹었는지 물었고 여자 아이는 무슨 일이 있었는지 설명했다. 교사는 아이들에게 솔직히 어떻게 해야 할지 모르겠다고 고백했다. 그러고 나서 교사는 아이들에게 맡겨두었다. 서클이 진행됨에 따라 아이들은 해결 방법을 찾기 시작했다.

마침내 한 아이가 남자 아이에게 물었다.

"너 도대체 왜 그랬던 거야?"

남자 아이가 풀이 죽어 대답했다.

"왜냐하면 그 아이가 좋으니까."

질문한 아이가 말했다.

"그렇다면 그 아이가 좋아할 만한 행동을 하는 것이 어때?"

교사는 자신이라면 그와 같은 해결 방안을 찾지 못했으리라는 것을 알았다. 문제가 해결된 것은 서클이 지닌 힘과 집합적인 책임감 덕분이다.

공동체 형성 서클

새 학기가 시작될 즈음이면 모든 교사는 새 학급의 학생 명단을 받아들고 새 학생들이 오기를 기다린다. 새 학기가 시작될 때 서클은 공동체 형성을 위해 자주 활용된다. 건강한 학급 분위기를 만드는 것이 갈등 해결의 기초를 마련하는 길이다.

우리는 공동체로 사는 것에 대해 배우는데, 이는 결코 같은 시간에 같은 장소에 있다고 해서 저절로 얻어지는 것이 아니다. 일상적인 서클의 도움을 받은 아이들은 작년과 다르다는 것을 알아차린다.

"나는 우리 반 친구들 이름을 전부 알고 있어요. 작년에는 몰랐어요."

6학년 학생의 말이다. 서클은 모두에게 말할 수 있는 기회와 자신이 한 말을 다른 이들이 경청하는 기회를 준다. 이와 같은 방식으로 우리는 누구도 소외되지 않음을 확신할 수 있다.

아마도 똑같이 중요하면서도 종종 간과되는 것이 어른들 사이에 공동체를 형성하는 것이다. 교사들 사이의 신뢰는 학생들의 성장에서 중요한 요소이다. 어떤 학교에서는 새 학기가 시작되면 먼저 교사들이 모여 서클을 진행하고 난 뒤 학생들과의 수업에서 서클을 진행한다.

교사들 역시 학생들과 마찬가지로 금방 긍정적인 효과를 눈치챘다. 한 교사가 말했다.

"4년 동안 함께 근무했지만 동료 교사의 아들이 내 딸아이와 같은 학교를 다녔다는 것은 전혀 몰랐어요!"

서클이 공동체를 형성하는 데 얼마나 유용한지를 직접 체험하고 나면, 이 체험은 교사들이 자신이 맡은 학급에서 서클을 활용하게끔 강한 동기를 부여한다.

교과 과정 일부로서의 서클

교사들은 또한 서클을 수업 방식으로 활용하기도 한다. 중학교 1학년 사회 수업에서 담당 교사는 영화 「뿌리」Roots를 보고 난 뒤 소감을 나누었는데, 설문지에 응답하는 대신 서클을 활용해 토론하는 방식을 취했다. 쌍방향 토론은 학생들이 어렵고 복잡한 영화가 전하고자 하는 의미와 영화에 대한 자신들의 느낌을 더 깊이 생각해볼 수 있는 기회를 제공했다.

서클은 참여한 한 사람 한 사람의 가치를 모두 존중하므로 진심에서 우러나오는 의견을 나눌 수 있는 안전한 장소를 제공한다. 교사는 학급 전체 토론 시간에는 듣기 힘든 학생 모두의 목소리를 들을 수 있다는 이점이 있다.

기존의 교과 과정을 강화하기 위해서도 서클을 활용할 수 있다. 다양한 사회성 기르기 교육과 따돌림 방지 교육 과정은 학생들에게 괴롭힘을 당했을 때 숨기지 말고 알리라고 주문한다. 서클을 통해 이러한 기법들을 가르친다면 학생들에게 공개적으로 자유롭게 말할 기회를 제공할 수 있다. 학급에서 서클을 정기적으로 활용하면 학생들이 새로운 방법을 적용하거나 교과 과정에 포함되어 있는 기법을 따라 할 가능성이 높아진다. 또한 서클은 학생들이 서로의 어려움과 성취로부터 배울 수 있는 기회를 준다. 다음은 서클에 참여했던 한 중학생이 쓴 보고서의 일부이다.

"내가 서클을 좋아하는 이유는, 만일 누군가 당신과 같은 어려움을 겪고 있다면 그들이 어떻게 문제를 해결했는지 들을 수 있기 때문이다."

결론

학교에서 서클을 활용할 수 있는 방법은 여기에 설명한 것 이상으로 무궁무진하다. 이 세상을 이끌어갈 다음 세대를 위해 서클은 지식을 전하고, 쌍방향의 대화와 토론의 장을 제공하고, 창의적이고 평화로운 갈등 해결 방법 활용을 격려하는 필수적인 도구이다. 가능성은 끝이 없다.

미주

1) "Soul Food," The Well no. 7(2002년 3월). 이것은 캐나다의 오타와 정의교정교회위원회가 펴내는 온라인 뉴스레터이다. www.ccjc.ca.

2) 서클 프로세스에 관한 더 많은 정보는 Pranis, Stuart, and Wedge의 책 『평화형성서클』을 참고할 것.

3) 회복적 정의에 대해서는 하워드 제어의 책(『우리 시대의 회복적 정의』, 대장간 역간, 2019)을 참고할 것.

4) 교내 행동 조정 보고서 참조. www.education.state.mn.us.

5) Matt Johnson은 미네소타 주 미니애폴리스에서 수감자와 가석방자 문제를 다루는 비영리 단체 아미쿠스(AMICUS)를 위해 Paula Schaefer와 함께 진행한 서클에서 서클 프로세스에 대해 이와 같은 정의를 내렸다.

6) Pranis, Stuart, and Wedge의 책 『평화형성서클』을 참고할 것.

7) 샌프란시스코 Berrett-Koehler 출판사, 1992년.

8) 같은 책, 6, 8~9쪽.

9) 같은 책, 9~10쪽.

10) 미네소타 주 교육청 교내 행동 조정 보고서 참조. www.education.state.mn.us.

11) 명령이 아닌 감독을 하는 방법을 익히려면 훈련과 이 책이 제공하는 것보다 더 많은 설명이 필요하다.

12) 저자가 제공한 이야기.

13) 같은 책.

14) 같은 책.

15) 같은 책.

16) Cindy Zetah, "The Gift of Circle," CRI Newsletter (2004년 2월), 3쪽.

참고문헌

Baldwin, Christina. *Calling the Circle: The First and Future* (Newberg, OR: Swan-Raven, 1994; reprint, New York: Bantam, Doubleday Dell, 1998).

Bolen, Jean Shinoda. *The Millionth Circle-How to Change Ourselves and the World: The Essential Guide to Women's Circles* (Berkeley: Conari Press, 1999).

Bopp, Judie, et al., *The Sacred Tree: Reflections on Native American Spirituality* (Lethbridge, Alberta: Four Worlds International Institute, 1984).

Boyes-Watson, Carolyn. *Holding the Space: The Journey of Circles at Roca* (Boston: The Center for Restorative Justice at Suffolk University, 2002).

Engel, Beverly. *Women Circling the Earth: A Guide to Fostering Community, Heealing, and Empowerment* (Deerfield Beach, FL: Health Communications, 2000).

Garfield Charles. Cindy Spring, and Sedonia Cahill. *Wisdom Cir-*

cles: A Guide to self-Discovery and Community Building" in Small Groups (New York: Hyperion, 1998).

Pranis, Kay, Barry Stuart, and Mark Wedge. *Peacemaking Circles:From Crime to Community* (St. Paul: Living Justice Press, 2003). See www.livingjusticepress.org. 『평화형성서클』(대장간 역간, 2016)

Ross, Rupert, *Returning to the Teachings: Exploring Aboriginal Justice* (Toronto: Penguin Books Canada, 1996).

Wheatley, Margaret J. *Leadership and the New Science* (San Francisco: Berrett-Koehler Publishers, 1992).

Zehr, Howard. *The Little Book of Restorative Justice* (Intercourse PA: Good Books, 2002). 『회복적 정의 실현을 위한 사법의 이념과 실천』(대장간 역간, 2018)

Zimmerman, Jack, with Virginia Coyle. *The Way of Council* (Las Vegas: Bramble Books, 1996).